交通事故外傷と後遺障害全322大辞典 別巻

交通事故後遺障害の等級獲得のために

交通事故110番
宮尾一郎 著
Miyao Ichiro

かもがわ出版

はじめに

私が初めて、『交通事故　後遺障害等級獲得マニュアル』を出版したのは2005年3月です。

2006年3月には、『自動車保険　約款の解説・活用マニュアル』
2009年5月には、『交通事故　後遺障害等級獲得マニュアル改訂増補版』
2011年5月からは、『部位別後遺障害診断書』に取り組み、2014年8月に全6巻を、その間の2014年4月には、『解決のための交通事故チェックリスト』を出版させていただきました。
これも、我慢強く待っていただいた、かもがわ出版のご協力の賜です。
心から感謝しています。

さて、私のNPO交通事故110番としての活動は、ホームページにおける毎日の記事出し、電話・メールによる交通事故相談、週末に全国に出向いての交通事故無料相談会の開催です。

毎月、多くの被害者と面談し、生の声を聞くことにより、回答力を高めているのです。
近年は、被害者が持参されたMRI画像を分析することができるようになり、後遺障害等級を獲得する上での精度が向上し、ボランティア参加の複数弁護士のご協力により、損害賠償の実現でも、大きな成果を挙げています。

毎回、多くの被害者と面談をするたびに、いろいろな交通事故外傷を経験するのですが、

後遺障害とは切り離して、交通事故による外傷性の傷病名はどれだけの数があるのか？
傷病名ごとに予想される後遺障害等級、症状固定時期、後遺障害の立証方法を説明できないか？
レアな傷病名も、実物の後遺障害診断書で解説できれば、現場の医師も助かるのではないか？
これこそが、交通事故の後遺障害を議論する集大成になるのではないか？

そんなことを考え、2013年9月から執筆を開始し、2年7カ月後の2016年4月に執筆を終えました。
大ざっぱな分類で、322の交通事故外傷と後遺障害のキモを説明できました。
本別巻には、このうち「交通事故後遺障害の等級獲得のために」について収録しています。
実物の後遺障害診断書は、個人情報をデフォルメしてCD-ROMに収録しました。

私の著作物に類書は一冊もありません。
この書籍が、後遺障害の立証の現場で、その後の損害賠償で役立つのであれば、望外の喜びです。

2016年9月
NPO交通事故110番　宮尾　一郎

交通事故外傷と後遺障害全 322 大辞典 別巻

交通事故後遺障害の等級獲得のために　　　　　　　　　　　　　　目　次

● 後遺障害とはなにか？ ……………………………………………………………… 6
- 1　後遺症と後遺障害？ ……………………………………………………………… 6
- 2　いつ、申請できるの？ …………………………………………………………… 7
- 3　どこが、等級を認定するの？ …………………………………………………… 8
- 4　申請は、保険屋さんにお任せする事前認定か、それとも被害者請求か？ …… 9
  - 1）一括社意見書とは？　9
  - 2）事前認定における自賠責保険金は？　10
  - 3）必要書類？　11
- 5　後遺障害診断書には、なにを書いてもらえばいいの？ ……………………… 13
- 6　問題点　医師は後遺障害を知らない？ ………………………………………… 14
- 7　問題点　後遺障害診断書は、一人歩きする？ ………………………………… 16
- 8　問題点　後遺障害を損害賠償で捉えると？ …………………………………… 16
- 9　交通事故110番からのご提案 …………………………………………………… 17
  - 1）後遺障害の学習など　17
  - 2）示談解決など　18
- 10　弁護士の選び方、法律事務所なら、どこでもいいのか、Boo弁？ ………… 19
  - 1）ネットで上位に表示されている？　19
  - 2）交通事故の専門チームが対応？　19
  - 3）着手金ビジネス？　19
  - 4）HPの内容が凄い？　20
  - 5）依頼してはならない、Boo弁護士について　20

● 等級認定の3原則 …………………………………………………………………… 23
- 1　後遺障害等級認定における準則とは？ ………………………………………… 23
  - 1）随時介護と失明　23
  - 2）原因を異にする2種類の介護認定　23
  - 3）原因を異にする2種類の介護認定と併合は　23
- 2　後遺障害等級認定における序列とは？ ………………………………………… 23
  - 1）1眼の視力　24
  - 2）両眼の視力　24
  - 3）胸腹部臓器の障害　25
  - 4）上肢の障害　26
- 3　後遺障害等級認定における併合とは？ ………………………………………… 29
  - 1）上肢機能障害と歯の喪失　29
  - 2）腰椎の骨折と下肢の短縮　31
  - 3）上肢の切断　32
  - 4）両眼の視力低下と手指の喪失　32

5）併合の例外　32
　　　6）大腿骨奇形と下肢の短縮　33
　　　7）上肢偽関節と神経症状　33
　　　8）併合と自賠責保険金　34
　4　後遺障害等級における相当とは？ …………………………………………………………… 34
　　　1）嗅覚と味覚　34
　　　2）肩関節用廃・手関節可動制限　35
　　　3）親指関節用廃・人差し指切断　35
　　　4）上肢の複合損傷　36
　　　5）手指の複合損傷　36
　　　6）右上肢の複合損傷　37
　　　7）全右手指切断・手関節用廃　37
　5　後遺障害等級における加重とは？ …………………………………………………………… 37
　　　1）受傷前の手指用廃、受傷後切断　38
　　　2）2回目の交通事故受傷　38
　6　後遺障害等級表 ……………………………………………………………………………… 38

●関節の機能障害の評価方法および関節可動域の測定要領　43

　1　関節可動域の測定要領 ………………………………………………………………………… 43
　　　1）計測は他動値により、健側との比較で判断される？　43
　　　2）角度は5°単位で切り上げされている？　44
　　　3）関節には、主要運動と参考運動がある？　44
　　　4）参考運動が評価の対象となるとき？　45
　　　5）現実の問題点とは？　46
　2　各論　部位別機能障害 ………………………………………………………………………… 47
　　　1）脊柱・頚部　48
　　　2）脊柱・胸腰部　50
　　　3）上肢・肩・肘・手関節　52
　　　4）下肢、股・膝・足関節　60
　　　5）最後に　64

●後遺障害とはなにか？

1　後遺症と後遺障害？

※後遺症と後遺障害は、ベツモノです。
※自賠法に規定されている後遺障害認定基準の詳細は、公開されていません。

一般になじみのある言葉は、後遺症であって、後遺障害ではありません。
交通事故受傷では、一定の期間、治療を続けて回復をめざすことになりますが、治療を完了しても、スッキリしない症状を残していることが普通であり、これらの症状は、後遺症と呼ばれています。

一方、後遺障害とは、自賠責保険で後遺障害等級が認定された後遺症のことです。
交通事故による後遺障害は、1～14級、140種の後遺障害が35系列に分類され、自動車損害賠償保障法に細かく規定されています。

しかし、後遺障害の認定基準に関する詳細情報は開示されていません。
NPO交通事故110番は、2000年5月以降の16年間、知り得た情報のすべてを開示し続けています。
被害者の皆様は、ここで、学習してください。

さて、後遺障害ですが、上位等級となれば、就労復帰も実現できない深刻な状態ですが、10～14級の中には、5年も経過すれば、限りなく、元通りとなるモノも、数多く存在しているのです。

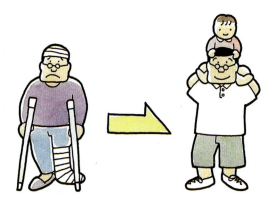

常識的には、後遺障害といえば、植物人間や手足の切断を連想しますが、ここで学習される皆様は、一生を棒に振ってしまうモノだけが、後遺障害でないことに、注目しなければなりません。

ここでは、後遺障害等級獲得の原則を学習してください。

2　いつ、申請できるの？

※原則として、受傷から6カ月を経過すれば申請する。
※ダラダラと漫然治療を続けてはならない。
※ムチウチでは、受傷から3、4カ月で、強引な治療の打ち切りが行われている。
※神経症状では、治療の空白期間が30日を超えると、再開が認められない。
※整骨院は医療類似行為、施術であって、治療とは評価されていない。

例外を除いて、事故受傷から6カ月を経過すれば、いつでも申請することができます。

例外とは、頭部外傷後の高次脳機能障害、CRPSなど複合性局所疼痛症候群、PTSDなど非器質性の精神障害であり、少なくとも受傷から1年間の治療の継続と経過観察が重視されています。

西洋医学においては、治療の延長線上に、治癒と症状固定の概念を有しています。
治癒とは、文字通り、治ったことであり、症状固定は、現在の治療を継続しても、短期的に改善が得られることはなく、治療を中断しても、悪化する可能性が考えられない状態となったことです。

ですから、まじめに治療を続け、6カ月を経過すれば、残存している症状を後遺障害として申請することになります。主治医から、あとは日にち薬ですね、なんて言われたら、もう症状固定です。

ムチウチでは、受傷から3、4カ月で、強引な治療の打ち切りが断行されています。
受傷から3、4カ月で示談をすれば、人身損害の全額は、自賠責保険から回収でき、任意保険としての負担は0円ですから、保険屋さんにとっては、実に、理想的な示談解決となります。
保険屋さんの都合で、示談が強要されているのです。

先に、まじめな治療と解説していますが、通院回数では、1カ月に10回前後となります。
治療の空白期間が30日を超えると、事故との因果関係が途切れ、治療の再開は認められません。

これは、自賠法の規定であって、保険屋さんの払い渋りではありません。

交通事故の治療は、西洋医学を前提としています。

整骨院・接骨院は医療類似行為、治療ではなく、施術と認識されています。
施術は、治療ではなく、治療実績として評価されることはありません。
診断権が認められておらず、診断書や診療報酬明細書、後遺障害診断書の発行はできません。

医師は、医大で6年間勉強し、医師国家試験にパスしても2年間の研修医生活を続け、やっと9年目に保険医登録を完了して、医師として一本立ちします。
整骨院の柔道整復師も国家資格ですが、養成施設で3年間勉強すれば、独立開業ができます。
元より、比較すべきものではありません。

裁判所は、施術の効果があることを前提に、接骨院の施術を認めていますが、受傷と傷病の因果関係が問題となったときは、明らかに、医師に優位性が発揮されます。
医師の診断書や意見書が議論されても、整骨院の意見が相手にされることはありません。

自賠責保険が施術として認めているのは、整骨院、鍼灸院、マッサージのみです。
鍼灸院、マッサージでは、実通院日数のみが、慰謝料の計算対象となります。
カイロプラクティック、整体、気功などは、民間療法であって、施術としても認められていません。

親切で優しく、施術時間も長くて癒されるのですが、整骨院で施術を受けてはなりません。
後遺障害では、ほとんどが非該当になります。

3　どこが、等級を認定するの？

※自賠責損害調査センター調査事務所が認定実務を独占しています。
※JA共済は、上部団体の共済連が独自に認定しています。

後遺障害等級は、自賠会社を窓口として、損害保険料率算出機構の自賠責損害調査センター調査事務所が、認定実務を担当しています。
この組織は2002年6月まで自動車保険料率算定会調査事務所と呼ばれていました。
加盟損保会社の委託を受け、自賠責保険請求事案について、公平な第三者機関の立場で損害調査業務を行うことをその目的とする、なんてぶち上げていますが、運用経費の60％、つまり人件費はマルマル

損保協会の負担ですから、明らかに保険屋さん寄りの機関と言えます。

保険屋さんを定年退職した職員を多数再雇用しており、名称変更後も、親しみを込めて、自算会＝爺さん会の愛称でお呼びしています。

名称 損害保険料率算出機構（略称　損保料率機構）
Non-Life Insurance Rating Organization of Japan
所在地 〒101-0063 東京都千代田区神田錦町 1-9
TEL　　03-3233-4141
URL　　http://www.nliro.or.jp/

4141の電話番号は、被害者にとって、良い、良いと理解すべきなのか？
職員がお爺さんなので、ヨイヨイなのか？
悩むところですが、日々研鑽され、被害者にとって、良い、良い機関をめざしてほしいものです。

さらに、自賠責保険は2002年4月から、それまで国営であったものが民営化され、主導権が損保会社に移りました。調査事務所も自賠責保険も被害者にとっては気の許せない存在です。

古くから、JA共済は、損保ではないとして、仲間外れとされてきました。
今でも、上部団体の共済連が、独自に認定しているのですが、このレベルに危機感を感じています。
職員の知的水準が低く、加えて、社内教育も行き届いておらず、等級認定の精度に問題があります。
イライラさせられることが、実に多く、困ったことです。

4　申請は、保険屋さんにお任せする事前認定か、それとも被害者請求か？

※加害者の加入する自賠責保険に対して、被害者請求で申請します。
※事前認定では、お化け、一括社意見書が暗躍する。
※その上、自賠責保険金は、保険屋さんに握られたままとなる。
※必要書類

1）一括社意見書とは？
事前認定は、加害者の加入する保険屋さんを通じて、調査事務所に申請する方法です。
後遺障害診断書を手渡すだけですから、手続きも簡単で、普遍的な請求方法です。

被害者請求は、被害者自身が、加害者の加入する自賠責保険に対して直接に申請する方法です。
多少の面倒さはありますが、事前認定ではなく、絶対に被害者請求でなければなりません。

事前認定では、調査事務所は、保険屋さんに対して、一括社意見書の添付を義務づけています。
本来は、担当してきた任意保険として、被害者の実情を正しく伝える目的で義務づけられたのですが、現在は、被害者の後遺障害を薄める目的でこれらが利用されています。

お気の毒な被害者ですから、上位等級を認めてください？　こんなことは、絶対に書かないのです。

※医師でもない保険調査員が作成した医療調査のレポートを添付？
※被害者を診察したこともない顧問医の好き勝手な意見書を添付？
※被害者に関係のない治療先の問題点を指摘？
などなど、一括社意見書は、常に、保険会社有利に作成され、暗躍しているのです。
被害者請求では、一括社意見書の添付はなく、暗躍することもありません。

被害者請求か、事前認定なのかは大差なく、問題は内容であると指摘される専門家がおられますが、それは一括社意見書の存在を承知していない軽はずみな意見展開です。
私は、保険調査員でしたから、その内幕を、誰よりも承知しています。
保険屋さんは、支払うことに、大変臆病な人たちなのです。

2）事前認定における自賠責保険金は？

保険屋さんに後遺障害診断書を渡して事前認定をお願いすると、認定された時点で、保険屋さんから口頭で等級が通知されます。
その直後から、示談交渉が開始され、合意に達して初めて損害賠償金が振り込まれます。
自賠責の保険金は、示談が完了するまで、保険屋さんに握り込まれたままです。

被害者が、加害者の加入する自賠責保険に対して被害者請求を行ったとき、自賠責保険は、自賠法16条の4で、請求時の書面の交付、支払い時の書面の交付、支払わない場合の書面の交付が義務づけられ

ており、通常は、申請後1週間で審査が行われ、40日後に認定通知が送付され、ほぼ同時に、被害者の指定口座に自賠責保険の認定額が振り込まれます。

実例で考えてみましょう。
例えば、7級が認定された被害者では、自賠責保険の認定額は1051万円です。
地裁基準は、37歳の男性であれば、後遺障害部分で6442万円の損害が認定される可能性があります。
保険屋さんの提示する後遺障害慰謝料は500万円ですが、地裁では、1000万円となります。
後遺障害は、手足の切断だけではありません。
事前認定で、後遺障害が認定されると保険屋さんは積算明細書と示談書を持参し、示談協議に入りますが、多くの被害者は、足や手の切断が後遺障害と考えていますから、後遺障害部分で6442万円も評価されることを知りません。

これまでの交渉の一切が保険屋さん任せでは、自賠がどうで、任意がなに？
こんな概念ですら、理解できていないのです。
この状況で、お気の毒なことで、大きな後遺障害を残しました。
この部分の評価として1051万円をお支払いします？
となれば、それは、自賠責保険金に過ぎないのですが、喜んで捺印する被害者が大多数です。
事前認定で自賠責保険の認定額が握られたままでは、このようなトリックに簡単に引っかかり、裁判になれば獲得できた水準を大幅に下回る額で、示談が押し切られているのです。

後遺障害について、被害者請求を実施していれば、自賠から1051万円が先行入金されます。
協議を財団法人交通事故紛争処理センターもしくは弁護士に依頼すれば、地方裁判所基準で積算が行われ、実際に、保険屋さんが負担する金額が丸見えとなるのです。

3）必要書類？
①自動車損害賠償責任保険支払請求書
これは、被害者請求の表紙となるもので、請求者と振込銀行を明示し、実印を捺印します。

②印鑑登録証明書
請求者本人を確認するための印鑑登録証明書です。

③交通事故証明書
郵便局から申請すれば、1週間以内に送達されます。

加害者欄には、加入の自賠責保険の会社名と証券番号が掲載されています。

④事故発生状況報告書
定規を使用して分かりやすく説明しますが、図面のような精度は求められていません。

⑤診断書
⑥診療報酬明細書
これまで治療費を負担してくれた保険屋さんに、コピーの提供を依頼します。

⑦後遺障害診断書
一般と歯科の2種類がありますが、自賠法で決められた書式を用意しなければなりません。

⑧初診のXP、経過のCTやMRI画像が収録されたCD
現在では、フィルムではなく、CD-ROMに収録して提供されています。

大ざっぱですが、①～⑧を揃えます。
②③⑧以外は、交通事故110番のHPから無料でダウンロードができます。
http://www.jiko110.com/topics/syoshiki_dr.htm

原則として、受傷から6カ月を経過した時点で、治療先の主治医に後遺障害診断を申し入れます。

後遺障害診断書を回収します。
初診のXP、経過のCTやMRI画像が収録されたCDの貸し出しを受けます。

①～⑧を揃え、加害者の加入する自賠責保険の会社に郵送すれば、被害者請求は完了します。
40日前後で等級を認定、自賠責保険より通知され、自賠責保険金が振り込まれます。
非該当のときは、通知のみです。

本件は、後遺障害の認定申請であり、通院交通費明細書、休業損害証明書、賞与減額証明書などの書類の添付は行いません。
等級認定後、相手の保険屋さんとの示談交渉で、それらは請求、回収することになります。

高次脳機能障害、脊髄損傷、非器質性精神障害、難治性疼痛症候群、動揺関節、そしゃく障害、排尿・排便障害などでは、立証のための追加資料の提出が必要となります。

個別に、0120-716-110 に相談してください。

5　後遺障害診断書には、なにを書いてもらえばいいの？

※**自覚症状、XP・CT・MRIの画像所見と必要な検査の実施と検査結果の記載です。**

端的には、後遺障害診断書には、傷病名と自覚症状、自覚症状を裏付ける画像所見と検査結果の記載をお願いすることになります。

傷病名は、事故当初から診断書に記載されています。
自覚症状は、前もってメモを作成し持参しておけば、ことが足りるのです。

例えば、ムチウチ＝頚部捻挫であれば、治療経過で撮影されたMRI所見が決め手となります。
頚椎、C5/6右側に椎間板ヘルニアが末梢神経を軽度に圧迫している画像所見があり、事故直後から頚部、右肩から上肢にかけての重さ感、だるさ感、手指では、親指と人差し指に軽度なしびれの自覚症状があれば、MRI所見と自覚症状が一致したことになります。

同じく頚部捻挫で、C6/7右側の末梢神経の通り道に、骨棘形成などで狭小化している画像所見があって、事故直後から頚部、右肩から上肢にかけての重さ感、だるさ感、手指では、環指と小指に軽度なしびれの自覚症状があれば、MRI所見と自覚症状が一致したことになります。

上2つの画像所見は、経験的には年齢変性であり、外傷性所見ではありません。
しかし、年齢変性が存在するところに衝撃を受け、事故前にはなかった症状が出現しているのです。
これらは、後遺障害として14級9号が認定されています。
圧迫や狭小化のレベルにより、12級13号が認定されることもあります。

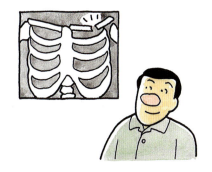

もう1つ、右鎖骨骨折では、骨折後の骨癒合をXP、3DCTで確認します。
骨折部については、目視でもチェックします。
やや変形の骨癒合であり、遠位端骨折で、右肩関節に運動制限があるときは、左右の肩関節について屈曲・外転・内転運動の計測を行い、計測値の記載を受けます。

骨折部が変形しており、外部から確認できるときは、これで12級5号が認定されます。
さらに、骨折側の肩関節の可動域が4分の3以下に制限されているときは、12級6号が認定され、併合11級が認定されることになります。

言ってみれば、簡単なことですが、問題点もドッサリあるのです。

6　問題点　医師は後遺障害を知らない？

※医師は、後遺障害のルール、立証方法をご存じない。
※医師は、患者の損害賠償に興味をもたない。
※医師は、弁護士に対して医療過誤訴訟を連想する。

治すこと、治療をすることが医師のお仕事です。
医師の日常は、患者の訴えに耳を傾け、検査を実施して、対症療法を選択していくことです。
治癒がベストですが、交通事故は不可逆的な損傷もあり、後遺症を残したとしても、症状固定となれば、医師の仕事は達成されたことになります。

ところが、後遺障害診断は、ここからの作業であり、立証なのです。
症状固定後の診断書の作成は、本来、医師の行う医療行為ではありません。
当然ながら、医大の6年間でも、後遺障害を教える教科はありません。
したがって、後遺障害診断に興味や関心を抱かないのは、いってみれば、普通のことなのです。

さらに議論を進めます。
治すことが仕事とお考えの医師にとって、後遺障害とは、治し切れなかったものです。
治し切れなかったものの箇条書きが、いわゆる1つの後遺障害診断書となるのです。
冗談じゃねぇ、こんな面倒なもん、書けるかよ。

そうなっても不思議なことではないのです。

さらに、温度差もあります。
脳神経外科に担ぎ込まれる交通事故患者の多くは、意識を喪失、瞳孔も開いており、自発呼吸もあるかないかの重篤なレベルです。
医師団はチームを組み、緊急開頭手術を実施するのですが、10時間を超える手術もザラです。
しかも、午前9：00〜午後5：00、定時運営ではなく、セブンイレブンも、あっと驚く超激務なのです。
結果、なんとか救命され、胸をなで下ろすのですが、6カ月を経過して後遺障害診断をお願いすると、

あなたが、救急車でここに運び込まれたときは、実は、もうほとんど死んでいたの！
嫌らしい言い方になるけど、それを助けて差し上げたのは私なの！
歩けて話ができれば、治ったも同然で、後遺障害などと厄介なことを言いなさんな！
こんなことも、経験しているのです。

ところが、後遺障害診断書は診断権を有する医師にしか作成が許されておりません。

保険屋さんは、医師が作成した後遺障害診断書に基づき、等級を認定していますと言い切っていますが、医師に知識がないことで、保険屋さんを利する結果となっています。
したがって、この領域で保険屋さんは、全くアテにできないのです。

もっとも、当の被害者本人が、後遺障害のなんたるかを全く理解していないことが、大問題なのです。

7　問題点　後遺障害診断書は、一人歩きする？

※後遺障害診断書の書き方で等級は決まる。
※立証が不足していても、指摘されることは、ほとんどない。

等級は、医師が作成した自賠責保険後遺障害診断書に基づき、調査事務所が認定しています。
労災保険では、顧問医が被害者を診察して等級を認定しますが、調査事務所は、顔面の醜状痕以外では、面接していません。つまり、後遺障害診断書は一人歩きをするのです。

したがって、この後遺障害診断書になにを記載してもらうかが、決定的な決め手となっています。

交通事故の専門家と称する弁護士であっても、認定実務に明るい方は少数勢力です。
さすがに、保険屋さんは詳しいのですが、教えてくれませんので、あまり意味をなしません。

したがって、被害者は独自に、後遺障害に関する知識を学習する必要が、絶対にあるのです。

8　問題点　後遺障害を損害賠償で捉えると？

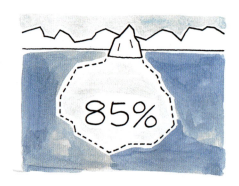

※後遺障害部分の損害が、全体の85％以上であり、逃した魚は、本当に大きいのです。
※立証などを、全面的に医師にお任せして大丈夫なのか？
※では、多くの弁護士が、それをサポートしてくれるのか？

損害賠償を氷山にたとえると、眼に見える部分が傷害部分＝治療を完了するまでの損害です。
後遺障害部分の損害は、海の中で見えませんが、総損害額に占める割合は、85％以上となります。

赤本基準で、ムチウチで非該当、14級9号、12級13号を比較すると、
非該当で127万4000円が、14級で314万円、12級となれば704万1000円となります。

	非該当	14級9号	12級13号
慰謝料	89万円	89万円	64万3000円
休業損害	38万4000円	38万4000円	22万8000円
後遺障害慰謝料	−	110万円	290万円
逸失利益	−	76万6000円	286万7000円
支払われる損害額	127万4000円	314万円	704万1000円
保険屋さんの積算額	87万1000円	162万5000円	313万2000円
保険屋さんとの差額	40万3000円	151万5000円	390万9000円

32歳、専業主婦、頚部捻挫、総治療期間180日、通院実日数75日、休業損害は、日額9600円、年収は賃金センサスより353万9300円、14級は、5％、5年、12級は、14％、7年で積算しています。
赤本基準とは、東京地方裁判所をベースとした地方裁判所支払基準です。

多くの被害者は、入院雑費、妻の付添い看護、通院交通費の一部がまだ精算されていない？
私から見れば、瑣末なことに大きなこだわりをもっておられる傾向です。
保険屋さんから治療の打ち切りが打診され、ムキになって通院を続ける被害者もたくさんいます。
これらはすべて間違っているのです。

交通事故被害者は受傷直後から、ご自身の外傷について学習を続け、後遺障害等級の獲得を視野に入れ、早期の回復と社会復帰を実現しなければならないのです。

後遺障害診断は、本件交通事故の最大のクライマックスとなるのです。
しかも現状では、医師や弁護士の協力は残念ながら多くを期待できません。
被害者自身が知識の武装を行い、開拓していかなければなりません。

9　交通事故110番からのご提案

※傷病名と後遺障害のキモで、学習してください。
※6カ月後の症状固定、後遺障害診断に、備えるのです。
※解決は、紛センか、弁護士？

1）後遺障害の学習など
HPでは、自賠法で規定されている300種類の傷病名について、ポイントを解説しています。
まず、ご自身の傷病名を検索され、症状固定時期、想定される後遺障害と、その立証方法を学習するのです。分からないところがあれば、フリーダイヤル0120-716-110で質問してください。

医師とのお付き合いは、基本6カ月です。
治療先の事務室にはお菓子、看護師さんにはパンストなどを差し入れ、将も馬にも目配りし、気もお金も使って、可愛がられる、良好な人間関係を形成しながら、症状固定を迎えるのです。

であれば、間違いのない後遺障害診断書を回収することができます。

治療効果が得られない？　医師との人間関係もイマイチ？
こんな状態であれば、見切り千両で、さっさと見切ることです。
グズグズして4カ月も経過すれば、転院も間に合わず、後遺障害をあきらめることになります。

そんなときは、フリーダイヤル0120-716-110で質問してください。

そして、交通事故110番が全国で展開している交通事故無料相談会に参加してください。
必要があれば、スタッフ、チーム110を派遣し、治療先への同行など、後遺障害の獲得まで、丁寧なサポートを開始します。
無料相談会には、弁護士もボランティアで参加しています。

2）示談解決など
先の表に掲げたとおり、損害賠償の頂点には、弁護士が君臨しています。
後遺障害が認定されれば、弁護士が登場することで、賠償金は2倍以上に跳ね上がるのです。

選択肢は、以下の2つとなります。
①公益財団法人　交通事故紛争処理センターに示談の斡旋を申し入れる。
②交通事故の解決に長けた弁護士に委任する。

いずれにしても、保険屋さんと話し合って解決することは、ナンセンス、選択してはなりません。

10　弁護士の選び方、法律事務所なら、どこでもいいのか、Boo弁？

1）ネットで上位に表示されている？
ネットで、交通事故・後遺障害・弁護士と入力すると、弁護士法人が、山ほど紹介されています。
これらのほとんどは、スポンサーサイト、つまり、広告掲載です。

1カ月に1500万円を投下すれば、どんな弁護士法人でも、全国レベルで上位に表示されます。
地域を限定すれば、より安く上げることもできますが、評判が良くて上位に表示されているのではなく、
お金を払って、上位をキープしているに過ぎないことを承知しておかなければなりません。
ネットで上位に表示されていても、それだけで信用するなど、もっての外です。

2）交通事故の専門チームが対応？
全国ネット、大手法人のセールスポイントは、交通事故の専門チームで対応することです。
垢抜けて聞こえますが、網走から鹿児島、沖縄に至るまで、全国どこの被害者であっても、東京の本部
などで、集中的にコントロールすることを意味しています。

専門チームなるものは、サラ金、グレーゾーン金利の回収で、大手法人が編み出した手口です。
弁護士は飾りもの、パラリーガルと呼ばれる、やり手の事務職員が手分けしてさばいています。
ネット、メール、FAXを駆使して、弁護士になりすまし、短期、大量処理を行うのです。
被害者は、ブロイラーのチキン？　交通事故を十把一絡げで解決できるのでしょうか？
交通事故では、個別の損害が重視されるのであり、被害者救済の手法としては向いていません。

3）着手金ビジネス？
1カ月に1500万円の宣伝広告費を投下して、フリーダイヤルで、交通事故無料相談を受け付けます。
弁護士費用特約付保険で200件を受任すれば、少し前は、着手金は8000万円を軽く突破したのです。
受任するだけで、交通事故は、シッカリ採算ベースに乗るのです。
着手金の入金でビジネスは完結、これを着手金ビジネスと呼ぶのです。
あとは、野となれ、山となれで、被害者からの連絡を待っての対応です。
被害者救済など、どこ吹く風ですが、それにしても、よく思いついたと感心しています。

この荒業に気づいた保険屋さんは、着手金を10万円に制限する動きに出ています。

これなら、200件を受任しても2000万円の売上げですから、着手金ビジネスとしては採算割れです。
着手金ビジネスが、どう変貌を遂げるのか、注目しているところです。

4）HPの内容が凄い？
法律事務所のオリジナル？　ほとんどありません。
すべて、経営コンサルタント、ポータルサイト、つまり業者が作成し、有償で提供しているのです。

ですから、どちらの法律事務所も、似たり、寄ったりの出来映えです。
自分のHPに、なにが記載されているか？　ご存じない弁護士もいるのです。
交通事故の専門家？　HPの記載を鵜呑みにすることはできません。

5）依頼してはならない、Boo弁護士について

ネットだけで、即断してはなりません。
弁護士に委任されるときは、必ず、事務所を訪問され、弁護士の顔を見て相談してください。
弁護士事務所には、XP・CT・MRIが収録されたCD、治療先の診断書のコピーを持参します。
その際の、**Boo弁護士鑑別法**をお教えしておきます。

※画像が読めない弁護士？
MRIのCDを持参しても、見ようともしない弁護士は、Booです。
モニターに画像を映し、変性所見などを具体的に指摘できれば合格です。
これから後遺障害をめざすのに、画像も読めない弁護士では、立ち往生で、前に進みません。

※傷病名が分からない弁護士？
面談中、書籍をめくりながら回答する弁護士は、Booです。
交通事故110番の出版物が多いのですが、それでも、Booです。
あらかじめ、相談日時は決められており、前もって学習しておくべきです。

※治療先に同行しない弁護士？
完璧な後遺障害診断書を仕上げるには、治療先への同行そして医師面談が欠かせません。
なんだかんだの理屈で、治療先への同行を拒む弁護士は、Booです。
こんなのは、頼りになりません。

※弁護士なのに、事前認定で後遺障害を申請？

困ったことに、こんなのが、そこそこ、いるのです。
どんな書類を揃えるのかも知らず、どこに送付するのかも知りません。
交通事故のイロハすら承知していないBoo弁ですから、ただちに解任しなければなりません。

※解決に至る青写真を提示しない弁護士？

弁護士であれば、相談後に、解決への具体的な青写真を提示して受任すべきです。
当方が連携している弁護士は、全員が計画書を提示してからの契約となります。
弁護士費用特約だから、あなたに損はさせませんから、任せなさい？
白紙委任を迫る弁護士は、全員がBoo弁です。

※保険屋さんから紹介された弁護士？

これは、みそくそ一緒で、全員がBoo弁です。
1年間に1000人を超える被害者と面談していますが、失敗ばかりで、成功例がありません。
日頃、保険屋さんの利益を代弁している弁護士には、被害者救済の志がありません。
絶対に、依頼してはなりません。

※やたらに偉そう、横柄な弁護士？

これは、一時代前のBoo弁護士で、今では、ガラパゴスです。
やたらに態度がでかいのは、中身がお粗末な証拠で、ヤクザならチンピラと呼ばれます。

こんなBoo弁に遭遇したときは、下駄を持って逃げるにかぎります。

※交通事故110番の活動を非弁と妬む弁護士？
交通事故110番は、NPOとして、以下の3つの活動を中心的に行っています。
①フリーダイヤルによる電話相談、
②メールによる相談、
③全国に出向いて、面談による交通事故相談会の開催、

いずれも、無料であり、被害者の個別示談に介入することはありません。

それでも妬み、嫉みで、非弁活動をしていると、陰でコソコソ噂する弁護士がいます。
知識も向上心もなく、被害者救済など、くそ食らえ、お粗末なBoo弁であり、私は、お前こそが非弁活動ではないのか？　へこたれずに反論しています。

資格を有していても、被害者救済ができなければ、非弁です。

弁護士選びは、交通事故解決の最後のクライマックスです。
ポンスケ弁護士、Boo弁に解決をゆだねてはなりません。

●等級認定の3原則

1　後遺障害等級認定における準則とは？

交通事故の後遺障害等級の認定は、自賠法の規定によることを原則としていますが、運用においては準則によって扱われています。

1）随時介護と失明
Q　高次脳機能障害による随時介護で別表Ⅰの2級1号が認定され、同時に、両眼の失明で別表Ⅱの1級1号が認定されるときは、なん級が認定されますか？

別表Ⅰの2級1号が認定されます。
介護を要する後遺障害と、それ以外の後遺障害が残存するときは、介護を要する後遺障害の該当する等級が優先されています。

2）原因を異にする2種類の介護認定
Q　高次脳機能障害による常時介護で別表Ⅰの1級1号が認定され、同時に胸腹部臓器の障害で随時介護を要する別表Ⅰの2級2号が認定された被害者の等級は？

別表Ⅰの1級1号が認定されます。
系列の異なる介護を要する後遺障害が残存するときは、併合することなく、上位等級に格付けされている等級とされています。

3）原因を異にする2種類の介護認定と併合は
Q　高次脳機能障害による随時介護で別表Ⅰの2級1号が認定され、かつ、胸腹部臓器の障害、随時介護で別表Ⅰの2級2号が認定されていれば、等級は併合され、別表Ⅰの1級となるのでしょうか？

併合することはなく、別表Ⅰの2級が認定されます。
系列の異なる介護を要する後遺障害が残存するときは、併合することなく、上位等級に格付けされている等級となりますが、本件ではいずれもが同等の等級ですから、別表Ⅰの2級が認定されます。

2　後遺障害等級認定における序列とは？

後遺障害等級表では、介護の必要性と労働能力喪失のレベルで1級、2級の2段階に、その他の後遺障害では、1級から14級までの14段階に区分されています。
同一系列の後遺障害相互間における等級の上位、下位の関係を後遺障害の序列と呼んでいます。

後遺障害等級表上に定めのない後遺障害や、同一系列に２つ以上の後遺障害が存在するときの後遺障害等級の認定では、後遺障害の序列を十分に考慮しなければなりません。

頭に入りにくい部分ですが、被害者の相談に乗る専門家であれば、これらの後遺障害の基礎部分は、シッカリと理解しておかなければなりません。

1）1眼の視力

Q　交通事故による眼の外傷で、右眼の矯正視力が 0.4 となりました。
後遺障害等級は、なん級が認定されるでしょうか？

1眼の視力障害については、以下の4段階の序列となっています。

等級の序列	障害の内容
8級1号	1眼が失明し、または視力が0.02以下になったもの、
9級2号	1眼の視力が0.06以下になったもの、
10級1号	1眼の視力が0.1以下になったもの、
13級1号	1眼の視力が0.6以下になったもの、

視力 0.2 でも 0.6 であっても、認定等級は同じになります。
矯正視力 0.4 は、0.6 以下になったものとして、13 級 1 号が認定されます。
つまり、13 級 1 号には、0.1 を超えて 0.6 までの視力障害が含まれているのです。
0.4 は、この中間に位置していますが、13 級 1 号に含まれることとなります。
0.1 以下にならない限り、上位等級の認定はありません。

上位等級と下位等級の間に、中間のないものが存在することは、留意しておく必要があります。
視力低下に伴う後遺障害等級は、メガネ、コンタクトレンズによる矯正視力で判断されています。
裸眼視力が問題とされるのではありません。

2）両眼の視力

Q　交通事故による両眼の外傷で、右眼の矯正視力が 0.6、左眼の矯正視力が 0.1 となりました。
後遺障害等級は、なん級が認定されるのでしょうか？

両眼および1眼の視力障害については、以下の8段階の序列となっています。

等級の序列	障害の内容
1級1号	両眼が失明したもの、
2級1号	1眼が失明し、他眼の視力が0.02以下になったもの、
2級2号	両眼の視力が0.02以下になったもの、
3級1号	1眼が失明、他眼の視力が0.06以下になったもの、
4級1号	両眼の視力が0.06以下になったもの、
5級1号	1眼が失明、他眼の視力が0.1以下になったもの、
6級1号	両眼の視力が0.1以下になったもの、
7級1号	1眼が失明し、他眼の視力が0.6以下になったもの、
9級1号	両眼の視力が0.6以下になったもの、

両眼の視力が0.1を超えて0.6までは、9級に含まれることになります。
右眼の矯正視力が0.6、左眼の矯正視力が0.1は、上記序列では9級1号に該当します。

上位等級と下位等級の間に中間のないものが存在することは、留意しておく必要があります。
視力低下に伴う後遺障害等級は、メガネ、コンタクトレンズによる矯正視力で判断されています。
裸眼視力が問題とされるのではありません。

3）胸腹部臓器の障害

Q　夫が交通事故受傷で胸腹部臓器を損傷、緊急手術後、ICUに入院しています。
胸腹部臓器の損傷に伴う後遺障害等級は、どのような観点で審査されるのでしょうか？

胸腹部臓器の後遺障害は、症状固定時の全体症状から8段階の序列とされています。

等級の序列	障害の内容
別表Ⅰ・1級2号	常に介護を要するもの、
別表Ⅰ・2級2号	随時介護を要するもの、
3級4号	終身労務に服することができないもの、
5級3号	特に軽易な労務以外の労務に服することができないもの、
7級5号	軽易な労務以外の労務に服することができないもの、
9級11号	服することができる労務が相当な程度に制限されるもの、
11級10号	労務の遂行に相当程度の支障があるもの、
13級11号	機能に障害を残すもの、

全体症状から、介護の必要性および労働能力におよぼす影響を総合的に判定して等級が認定されており、高次脳機能障害、脊髄損傷も同様の判定基準となっています。

4）上肢の障害

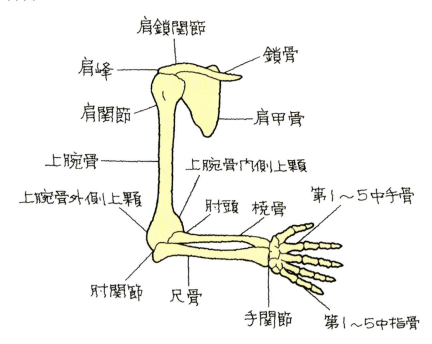

上肢の序列は、以下の9段階の序列とされています。

等級の序列	障害の内容
1級3号	両上肢を肘関節以上で失ったもの、
1級4号	両上肢の用を全廃したもの、
2級3号	両上肢を手関節以上で失ったもの、
4級4号	1上肢を肘関節以上で失ったもの、
5級4号	1上肢を手関節以上で失ったもの、
5級6号	1上肢の用を全廃したもの、
6級6号	1上肢の3大関節中の2関節の用を廃したもの、
7級9号	1上肢に偽関節を残し、著しい運動障害を残すもの、
8級6号	1上肢の3大関節中の1関節の用を廃したもの、
8級8号	1上肢に偽関節を残すもの、
10級10号	1上肢の3大関節中の1関節の機能に著しい障害を残すもの、
12級6号	1上肢の3大関節中の1関節の機能に障害を残すもの、

Q　上肢の3大関節中の2関節に障害を残したときは、なん級が認定されるのですか？

等級の序列	障害の内容
10級10号	1上肢の3大関節中の1関節の機能に著しい障害を残すもの、
12級6号	1上肢の3大関節中の1関節の機能に障害を残すもの、

右肩関節が12級6号、右肘関節が12級6号であったと仮定します。
12級6号の上位は10級10号となり、序列の差は2つとなります。
序列の差が2つ以上のときは、後遺障害の序列にしたがって、中間の等級11級を認定します。

Q　1上肢の肩関節と肘関節の用廃、手関節に著しい障害を残したときは、なん級が認定されますか？

該当する序列は、

等級の序列	障害の内容
5級6号	1上肢の用を全廃したもの、
6級6号	1上肢の3大関節中の2関節の用を廃したもの、

右肩関節と右肘関節が用廃であれば、6級6号の認定です。
上述の例で右手関節に10級10号が認められたのですから併合5級になるのではないか？
しかし、残念なことに、5級6号の1上肢の用廃には至りません。

6級6号の上位は5級6号であり、序列の差は1つとなります。
中間の等級が存在しないので、1上肢の全廃に至らない限り、等級は下位等級の6級とされます。

Q　右上肢の手と肘関節の用廃で6級6号、右上腕骨の偽関節で8級8号が認定されたとき、最終等級は、2級繰り上がって4級になるでしょうか？

結論から申し上げると、この事案では4級には繰り上がりません。
本件は機能障害ですが、後遺障害の序列では、機能障害の上位に欠損障害があるのです。
欠損障害は、労働能力の完全喪失であることが、その理由です。
同一部位に欠損障害以外のいかなる後遺障害が残存したとしても、欠損障害の程度には達することがないのです。
本件で併合4級を認定すれば、4級4号「1上肢を肘関節以上で失ったもの、」と同等になります。
さらに、5級4号「1上肢を手関節以上で失ったもの、」よりも上位に位置することになります。
この場合は、序列の調整が行われ、6級相当が認定されることになります。

ただし、ここにも例外が存在しています。
機能の全部喪失については、欠損障害と同等に評価されており、以下の4つがそれに該当します。

等級の序列	障害の内容
1級3号	両上肢を肘関節以上で失ったもの、
1級4号	両上肢の用を全廃したもの、

等級の序列	障害の内容
1級5号	両下肢を膝関節以上で失ったもの、
1級6号	両下肢の用を全廃したもの、

系列を異にする2つ以上の後遺障害が残存したときで、後遺障害等級表上、組み合わせにより等級が定められているものについても、その等級間の序列、上位下位の関係が明らかにされています。

系列を異にする2つ以上の後遺障害では、原則として併合の方法が用いられていますが、上位下位の序列に留意して等級を判断することになります。
この場合であっても、両上肢・両下肢の欠損障害については、後遺障害等級表に組み合わせ等級が掲げ

られており、その等級以外の格付けはあり得ません。

1級3号　両上肢を肘関節以上で失ったもの、
1級5号　両下肢を膝関節以上で失ったもの、

上記の等級に達しないものはすべて、以下の下位等級に相当するものとして扱われています。

2級3号　両上肢を手関節以上で失ったもの、
2級4号　両下肢を足関節以上で失ったもの、

上肢の序列

等級の序列	障害の内容
1級3号	両上肢を肘関節以上で失ったもの、
1級4号	両上肢の用を全廃したもの、
2級3号	両上肢を手関節以上で失ったもの、
4級4号	1上肢を肘関節以上で失ったもの、
5級4号	1上肢を手関節以上で失ったもの、
5級6号	1上肢の用を全廃したもの、
6級6号	1上肢の3大関節中の2関節の用を廃したもの、
7級9号	1上肢に偽関節を残し、著しい運動障害を残すもの、
8級6号	1上肢の3大関節中の1関節の用を廃したもの、
8級8号	1上肢に偽関節を残すもの、
10級10号	1上肢の3大関節中の1関節の機能に著しい障害を残すもの、
12級6号	1上肢の3大関節中の1関節の機能に障害を残すもの、

参考までに、手指の序列は、以下の11段階の序列とされています。

等級の序列	障害の内容
3級5号	両手の手指の全部を失ったもの、
4級6号	両手の手指の全部の用を廃したもの、
6級8号	1手の5の手指または親指を含み4の手指を失ったもの、
7級6号	1手の親指を含み3の手指を失ったものまたは親指以外の4の手指を失ったもの、
7級7号	1手の5の手指または親指を含み4の手指の用を廃したもの、
8級3号	1手の親指を含み2の手指を失ったものまたは親指以外の3の手指を失ったもの、
8級4号	1手の親指を含み3の手指の用を廃したものまたは親指以外の4の手指の用を廃したもの、
9級12号	1手の親指または親指以外の2の手指を失ったもの、
9級13号	1手の親指を含み2の手指の用を廃したものまたは親指以外の3の手指の用を廃したもの、
10級7号	1手の親指または親指以外の2の手指の用を廃したもの、
11級8号	1手の人差し指、中指または薬指を失ったもの、
12級9号	1手の小指を失ったもの、
12級10号	1手の人差し指、中指または薬指の用を廃したもの、

13級6号	1手の小指の用を廃したもの、
13級7号	1手の親指の指骨の一部を失ったもの、
14級6号	1手の親指以外の手指の指骨の一部を失ったもの、
14級7号	1手の親指以外の手指の遠位指節間関節を屈伸することができなくなったもの、

3　後遺障害等級認定における併合とは？

併合とは、系列を異にする別表Ⅱの後遺障害が2つ以上認められるときに、以下の選択を行い、1つの等級を定めることを言います。

①重い方の後遺障害等級とするか
②13級以上では、重い方の等級を1級繰り上げるか
③8級以上では、重い方の等級を2級繰り上げるか
④5級以上では、重い方の等級を3級繰り上げるか

1）上肢機能障害と歯の喪失
Q　交通事故による右肘関節の機能障害で12級6号が認定されました。
これ以外に、事故により4本の歯を失っています。
等級は、なん級が認定されるのでしょうか？

本件の4歯の喪失は14級2号の認定となり、併合で繰り上がりません。
したがって、重い方の等級で、併合12級が認定されます。

繰り上がりは13級以上であり、14級が複数認定されても、併合で繰り上がることはありません。

歯の後遺障害では、事故以前の虫歯なども含め、加重障害として等級が認定されています。
そして、加重障害の計算は、単純な差し引きではなく、とても複雑なものです。
補綴（ほてつ）とは、対象の歯を削り、人工のもので補ったことで、
①交通事故で受傷した歯の体積の4分の3以上を、治療上の必要から削ったもの、
②交通事故受傷ではないが、治療の必要から、健康な歯の4分の3以上を削ったもの、

交通事故で歯を欠損、抜歯した後に、喪失した歯の部分に人工歯を設置するブリッジがあります。
ブリッジでは、両サイドの健康な歯を削り、橋のように3本がつながった人工歯を被せて固定します。

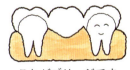
これがブリッジです

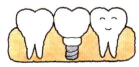
インプラント

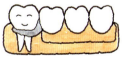
部分入れ歯

欠損とは、交通事故により、歯が折れたもので、抜歯とは、交通事故により、歯がぐらつき、治療上の必要から歯を抜いたものです。

では、後遺障害等級を決める加重計算を説明します。
1）まず、交通事故で障害された歯と交通事故により補綴を余儀なくされた歯の本数をカウントします。
次に、事故前からの既存障害歯の本数をカウントし、2つを合計した本数を算出します。
※既存障害歯
交通事故以前に、虫歯で大きく削られた歯、金属や冠で治療したもの、クラウン、入れ歯、インプラント、抜けたまま放置されている歯のことです。
2）合計の本数を現存障害歯として、上表から後遺障害等級を求めます。
3）次は、交通事故以前からの既存障害歯の本数について、上表から後遺障害等級を求めます。
4）現存障害歯の自賠責保険金－既存障害歯の自賠責保険金＝加重後の自賠責保険金となります。

Q　鈴木さんは、虫歯の治療で4本に金属を被せ、他の2本は抜けたまま放置していました。
そして、本件交通事故により、2本の歯を根元から歯折しました。
1本はインプラント、もう1本は、両サイドの歯を大きく削り、ブリッジで補綴する治療となりました。
歯の後遺障害等級をお教えください？

1）既存障害歯は、虫歯の4本、抜けたままの2本で6本となります。
交通事故による障害歯は、インプラント1本、ブリッジによる3本の補綴で4本となります。
2）現存障害歯は、6＋4＝10本であり、等級表から11級4号となります。
3）既存障害歯は、6本ですから、5本以上で7本以下、つまり13級5号となります。
4）11級、331万円－13級、139万円＝192万円が加重障害後の自賠責保険金となります。

Q　山崎さんは、自転車で走行中に自動車と衝突しました。
6カ月後の後遺障害では、右橈骨遠位端粉砕骨折による右手関節の可動域制限で10級10号、
歯も本件事故で3本を喪失したのですが、元々の虫歯も7本あり、歯は合計10本で11級4号、
最終の後遺障害等級は、併合により9級となりました。
さて、本件の自賠責保険金はいくらになるでしょうか？

1）歯の後遺障害では、既存障害歯の7本の12級3号が差し引かれることになります。
併合9級、自賠責保険金は、616万円です。
616万円－224万円＝392万円が、振り込まれる保険金？

2）ちょっと待って、併合される前の10級10号の自賠責保険金は461万円です。
歯の後遺障害を申請したばかりに、併合で9級となっても、保険金は392万円？
ええ、やぶ蛇なの？　69万円も目減りしているじゃないの？

3）安心してください。
歯の加重障害を適用して保険金を差し引くよりも、歯の後遺障害を抜きにして、他の障害が併合されたことによる保険金が、被害者に有利な計算となれば、加重分の保険金を差し引かない特別なルールが適

用されているのです。

つまり、本件では、10級10号を認定して、461万円を支払い、併合11級は却下されます。
歯を除いた障害の併合等級か？
歯を加えた加重障害か？
この選択は、常に、被害者に有利な方で認定されているのです。

4）しかし、これは、自賠法の規定であり、交通事故に長けた強い弁護士であれば、併合9級として、後遺障害慰謝料690万円を主張、堂々と請求しなければなりません。
歯の喪失では、訴訟であっても、逸失利益は認められていません。
逸失利益のみ、10級をベースに、フル期間を請求することになります。
先のコピペ弁護士に、そんな実力はありません。

5）最後になりますが、親知らず＝3大臼歯、乳歯の喪失は、当然のことですが、評価の対象外です。
歯の後遺障害診断では、専用の後遺障害診断書を使用します。
これも覚えておいてください。

歯の後遺障害等級	
10級4号	14歯以上に対し歯科補綴を加えたもの、
11級4号	10歯以上に対し歯科補綴を加えたもの、
12級3号	7歯以上に対し歯科補綴を加えたもの、
13級5号	5歯以上に対し歯科補綴を加えたもの、
14級2号	3歯以上に対し歯科補綴を加えたもの、

2）腰椎の骨折と下肢の短縮

Q　交通事故による腰椎、L5/6の圧迫骨折で胸腰椎の可動域が2分の1以下に制限されており、8級2号の認定を予想しています。さらに、右脛腓骨の開放骨折後に右下肢が2cm短縮していることが追加の測定で判明したのですが、この場合は、併合されると、なん級になるのでしょうか？

まず、脊柱に運動障害を残すものは、ご理解の通り、8級2号が認定されます。

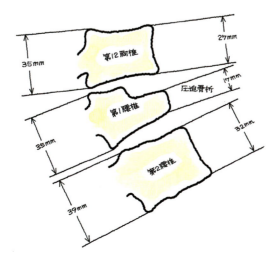

次に下肢の短縮は、以下の3段階で等級が判定されています。

下肢短縮の後遺障害等級	
8級5号	1下肢を5cm以上短縮したもの、
10級8号	1下肢を3cm以上短縮したもの、
13級8号	1下肢を1cm以上短縮したもの、

2cmの短縮は、1下肢を1cm以上短縮したものに該当し、13級8号の認定となります。
8級2号と13級8号の併合ですから、上位等級が1級繰り上げられ、併合7級の認定となります。

3）上肢の切断

Q　交通事故による右上肢を腕関節以上で切断、左上肢を肘関節以上で切断となりました。後遺障害認定基準は、どうなるのでしょうか？

上肢切断の後遺障害等級	
1級3号	両上肢を肘関節以上で失ったもの、
2級3号	両上肢を手関節以上で失ったもの、
4級4号	1上肢を肘関節以上で失ったもの、
5級4号	1上肢を手関節以上で失ったもの、

該当序列は、上記の通りで、右上肢は腕関節以上の切断ですから、5級4号が認定されます。
左上肢は肘関節以上の切断ですから、4級4号が認定されます。
併合のルールに従えば、上位等級が3級繰り上がりますから、併合1級となります。
ところが、両上肢を肘関節以上で失ったものにはおよびません。
この場合は、序列の調整を行い、2級相当が認定されます。

4）両眼の視力低下と手指の喪失

Q　私の父のことですが、交通事故での頭部外傷により、両眼の矯正視力が0.02以下となりました。等級認定基準に従えば、2級2号が認定されると考えています。
本件はバイクとダンプの正面衝突で、父は、両手のすべての手指を失っています。
これも等級認定基準によれば、3級5号が認定されると予想しているのですが、上記の2つが併合されると、最終等級は、なん級になるのでしょうか？

別表Ⅱ、併合1級が認定されます。
本件は別表Ⅱ、2級2号と3級5号が併合され、ルールに従えば、上位等級を3級繰り上げることになります。しかし、1級を超える後遺障害は存在しないところから、併合しても1級となります。

5）併合の例外

両上肢・両下肢の欠損障害または機能障害、両手指・両足指の欠損障害または機能障害、両眼瞼の欠損または機能障害については、本来、系列を異にする複数の後遺障害であり、併合されるべきものですが、後遺障害等級表においては、組み合わせ等級として定められています。
したがって、組み合わせ等級により認定されることになり、併合の対象とはされていません。

●等級認定の3原則

右下肢を膝関節以上で切断、左下肢を膝関節で切断したときは、それぞれの等級は4級5号となり、仮に併合すると併合1級となります。

しかし、後遺障害等級表には1級5号　両下肢を膝関節以上で失ったもの、が規定されており、併合することなく1級5号が認定されるのです。

両上肢の後遺障害等級	
1級3号	両上肢を肘関節以上で失ったもの、
1級4号	両上肢の用を全廃したもの、
2級3号	両上肢を手関節以上で失ったもの、
3級5号	両手の手指の全部を失ったもの、
4級6号	両手の手指の全部の用を廃したもの、

両下肢の後遺障害等級	
1級5号	両下肢を膝関節以上で失ったもの、
1級6号	両下肢の用を全廃したもの、
2級4号	両下肢を足関節以上で失ったもの、
4級7号	両足をリスフラン関節以上で失ったもの、
5級8号	両足の足指の全部を失ったもの、
7級11号	両足の足指の全部の用を廃したもの、

両眼瞼、まぶたの後遺障害等級	
9級4号	両眼のまぶたに著しい欠損を残すもの、
11級2号	両眼のまぶたに著しい運動障害を残すもの、

6）大腿骨奇形と下肢の短縮

Q　大学生の息子ですが、交通事故で右大腿骨に奇形を残し12級8号が認定されました。
同時に、右下肢について1cmの短縮が認められており、併合では、なん級が認定されますか？

この場合は、12級8号となります。
本件では、右大腿骨に奇形を残した結果として、1cmの短縮が生じています。
つまり、後遺障害が複数の観点＝複数の系列で判断されたものに過ぎないので、いずれか上位の等級を認定することになります。

ちなみに、右大腿骨に奇形を残し、右脛骨の骨折後に右下腿に2cmの短縮障害を残したときは、短縮障害で13級8号が認定され、右大腿骨の奇形12級8号と併合され、併合11級が認定されます。

7）上肢偽関節と神経症状

Q　私の妻ですが、自転車VS自動車の出合い頭衝突で、左上腕骨を骨折したのですが、骨癒合不良で治療は遷延化し、偽関節となりました。
偽関節が評価され、7級9号が認定されましたが、妻は、日常生活では骨折部の痛みがあり、フライパ

ンを使用しての調理ができません。これらの痛みは、12級13号として評価されないのでしょうか？

評価されることはなく、7級9号の認定にとどまります。
右上腕骨に偽関節を残したことを理由として、つまり偽関節に派生して右上腕骨骨折部に頑固な神経症状をきたしていると考えられるところから、併合は行わず、上位等級の認定にとどまるのです。

8）併合と自賠責保険金

Q 私の夫が、バイクで通勤途上にトラックと出合い頭衝突し、右手の親指の切断で9級12号、左手の小指の切断で13級5号が認定され、併合8級となりました。
しかし、自賠責保険から振り込まれたのは、755万円であり、8級の819万円ではありません。
間違いではありませんか？

755万円の振込額で間違いありません。
別表Ⅱでは、13級以上の後遺障害が2つ以上あるときは、上位等級を1級繰り上げるルールとなっています。しかし、繰り上げた結果の保険金額は、それぞれの後遺障害等級の合算額を超えないこととされているのです。
8級の保険金額は819万円ですが、9級は616万円、そして13級は139万円となります。
616万円 + 139万円 = 755万円は819万円に届きません。
本件では、755万円の支払いとなります。

4　後遺障害等級における相当とは？

後遺障害等級表に掲げるもの以外の後遺障害については、自賠法施行令2条別表第一備考、別表第二備考6で、その後遺障害の程度に応じて等級表に掲げる後遺障害に準じて定めるとされています。

1）嗅覚と味覚

嗅覚と味覚の障害は、後遺障害等級表のいかなる後遺障害の系列にも属していません。

	相当
12級相当	嗅覚を脱失したもの、
14級相当	嗅覚を減退したもの、
12級相当	味覚を脱失したもの、
14級相当	味覚を減退したもの、

嗅覚は、耳鼻科におけるT＆Tオルファクトメータ検査で立証します。
結果はオルファクトグラムで表示され、認知閾値の平均嗅力損失値で、5.6以上⇒嗅覚脱失、2.6以上5.5以下⇒嗅覚の減退と判断されます。

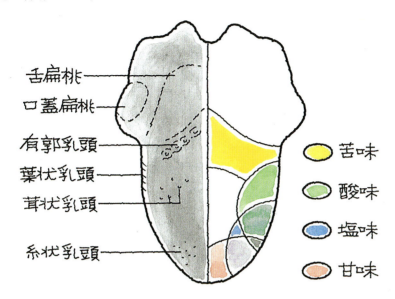

味覚は、耳鼻咽喉科における、ろ紙ディスク法の最高濃度液検査で立証します。
甘味、塩味、酸味、苦味の4つの基本となる味のついた、ろ紙を舌の上において味質の障害を見る検査法で、薄い味から濃い味へと5段階で検査します。
味覚の脱失とは、基本となる4味質のすべてが認知できないもので、12級相当が認定されます。
味覚の減退とは、基本味質のうち、1質以上を認知できないもので、14級相当の認定です。

2）肩関節用廃・手関節可動制限

Q　私の妻ですが、自転車VS自動車の交通事故で、右上腕骨開放性破裂骨折となり、右肩関節の用廃で8級6号が認定される見込みです。
加えて、右手のTFCC損傷で右手関節の可動域に2分の1以下の制限が認められます。
このケースでは、繰り上げで併合7級が認定されるでしょうか？

本件の質問は、後遺障害の系列は存在するが、該当する後遺障害等級がない例に該当します。
右肩関節の用廃は8級6号、右手関節の著しい機能障害は10級10号ですから、2つは併合され、併合7級が認定されます。
併合7級であれば、序列を乱すことはありません。

3）親指関節用廃・人差し指切断

Q　自動二輪車でツーリング中、山間部の道路でセンターラインオーバーのトラックと衝突、事故に遭い、右親指のIP関節の用廃、右人差し指は第二関節から切断となりました。
この場合の併合等級をお教えください？

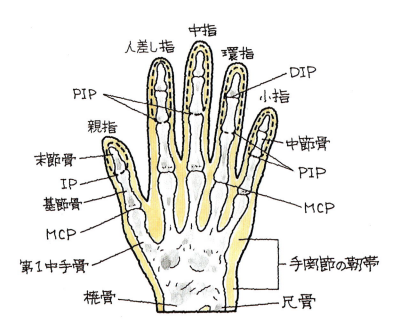

右親指の用廃は10級7号、右人差し指の切断は11級8号となります。
これらを併合すると、併合9級となるのですが、8級4号、1手の親指を含み3の手指の用廃よりは重く、7級6号、1手の親指を含み3の手指を失ったものよりは軽い、つまり、序列修正が必要な局面です。
結果、併合9級ではなく、8級相当が認定されます。

本件では、直近上位の等級が相当として認定されたのですが、切断と用廃では、両上下肢におよばない限り、序列では切断が上位となります。
この理解が得られていないと、上記の相当級は判断できません。

4）上肢の複合損傷
Q　息子が仕事中の追突事故で崖下に転落し、上腕神経叢麻痺で左肩関節と左肘関節の用を廃しました。左手関節はかろうじて動かせる状況にありますが、右手関節に比較して2分の1以下に制限されています。親の私から見れば、左上肢は使い物にならない状況ですが、この場合、なん級が認定されるのでしょうか？

通常の併合で考えると、上腕神経叢麻痺による2関節の用廃は6級6号に該当します。
左手関節は2分の1以下の制限ですから、10級10号に該当します。
これらの2つを併合すると、併合5級となるのですが、5級6号「1上肢の用を全廃したもの、」にはおよびません。序列調整が行われ、直近下位の等級、6級相当が認定されることになります。

5）手指の複合損傷
Q　バイク同士の交通事故で、左手指を挟まれ、左中指についてはPIP関節の用廃、左小指については、PIPから先を切断しました。
この場合、なん級が認定されますか？

中指の用廃は12級10号、小指の切断は12級9号が認定されます。
これを併合すると、併合11級となりますが、10級7号、1手の親指または親指以外の2指の用を廃し

たもの、よりは重く、9級12号、1手の親指または親指以外の2の手指を失ったものよりは軽い、つまり、序列修正が必要な局面となります。
結果、併合11級ではなく、10級相当が認定されます。

同一系列に属する複数の後遺障害では、併合の方法により等級が認定されています。
事例2）から5）については、併合の方法を用いた結果、後遺障害の序列を乱すことになり、併合等級の直近上位、直近下位の相等級とすることを説明したものです。

6）右上肢の複合損傷
Q　夫が軽四輪トラックを運転中、ダンプカーに追突され民家に激突しました。
ダンプの居眠り運転が交通事故の原因です。
受傷から9カ月を経過、夫は、右上腕骨開放性複雑骨折で肩関節は用廃となり、右橈尺骨遠位端開放性骨折で右手関節に著しい機能障害を残し、さらに右親指の第一関節を切断しています。
この場合、夫の後遺障害は、なん級が認定されるのでしょうか？

右肩関節の用廃は8級6号、右手関節の著しい機能障害は10級10号、そして親指の喪失は9級12号となります。通常のルールに従って併合すると併合7級となりますが、これは間違いです。
右肩関節の用廃8級6号と右手関節の10級10号を併合して、7級相当とします。
これに右親指の亡失9級12号を併合して6級相当とするのが正解です。

7）全右手指切断・手関節用廃
Q　6）とよく似た交通事故状況で、右手指5本を切断、右手関節の用を廃した被害者から相談を受けたことがあります。先のルールに従えば、等級は、なん級が認定されるでしょうか？

右手指の5本の喪失は6級8号、右手関節の用廃は8級6号です。
併合のルールであれば、上位等級が2つ繰り上がり、4級相当となりますが、5級4号、1上肢を手関節以上で失ったもの、には達しません。
序列調整により、直近下位の6級相当が認定されます。

上記6）と7）は、本来は異系列のものを同一系列として取り扱っています。
序列調整では、直近上位と直近下位の認定が行われています。

5　後遺障害等級における加重とは？

自賠法施行令2条2項では加重障害を規定しており、すでに後遺障害のある者が、自動車事故により同一の部位について後遺障害の程度を重くしたときは、加重した限度で保険金額を認定する、と記載されています。

すでに後遺障害がある者とは、本件事故の発生前に、すでに後遺障害のあった者のことです。
その後遺障害については、先天性、後天性、自動車事故によるもの、賠償を受けたか受けないかに関係なく、後遺障害等級表に定める程度の後遺障害が存在していた者を言います。

加重とは、自動車事故により新たな傷害が加わった結果、後遺障害等級表上、既存障害よりも重くなった場合を言います。

自然的経過や既存障害の原因である疾病の再発等、新たな自動車事故以外の事由で後遺障害の程度を重くしても、加重と判断されません。

同一部位に新たな傷害が加わったとしても、既存障害以上の後遺障害が発生しなければ、加重とはなりません。

1) 受傷前の手指用廃、受傷後切断

Q 事故前の業務中の受傷で右人差し指の用を廃していた被害者が、今回の事故で右人差し指を切断するに至りました。自賠責保険の認定等級と保険金の支払い額はいくらになるでしょうか？

右人差し指の用廃は12級10号、右人差し指の切断は11級8号です。

等級は、右手人差し指を亡失したものとして11級8号が認定されますが、保険金支払いでは、11級、331万円から12級224万円が差し引かれ、331万円 − 224万円 = 107万円の支払いとなります。

2) 2回目の交通事故受傷

Q 10年前の交通事故受傷で右手関節が用廃との認定を受けています。
今回の事故で、右手関節の切断となりました。
自賠責保険の認定等級と保険金の支払い額はいくらになるでしょうか？

右手関節の用廃は8級6号、右手関節の切断は5級4号です。

等級は5級4号の認定ですが、保険金支払いでは、5級、1574万円から8級、819万円が差し引かれ、1574万円 − 819万円 = 755万円の支払いとなります。

6 後遺障害等級表

H18-4-1 以降発生した事故に適用

後遺障害等級別表Ⅰ　介護を要する後遺障害					
等級	内容			自賠	喪失	搭乗
1	1 神経系統の機能または精神に著しい障害を残し、常に介護を要するもの、 2 胸腹部臓器に著しい障害を残し、常に介護を要するもの、	4000	100	100
2	1 神経系統の機能または精神に著しい障害を残し、随時介護を要するもの、 2 胸腹部臓器の機能に著しい障害を残し、随時介護を要するもの、	3000	100	89

後遺障害等級別表Ⅱ			
等級	内容	自賠	喪失	搭乗
1	1 両眼が失明したもの、 2 そしゃくおよび言語の機能を廃したもの、 3 両上肢を肘関節以上で失ったもの、 4 両上肢の用を全廃したもの、 5 両下肢を膝関節以上で失ったもの、	3000	100	100

●等級認定の３原則

	6 両下肢の用を全廃したもの、			
2	1 一眼が失明し、他眼の視力が0.02以下になったもの、 2 両眼の視力が0.02以下になったもの、 3 両上肢を手関節以上で失ったもの、 4 両下肢を足関節以上で失ったもの、	2590	100	89
3	1 一眼が失明、他眼の視力が0.06以下になったもの、 2 そしゃくまたは言語の機能を廃したもの、 3 神経系統の機能または精神に著しい障害を残し、終身労務に服することができないもの、 4 胸腹部臓器の機能に著しい障害を残し、終身労務に服することができないもの、 5 両手の手指の全部を失ったもの、	2219	100	78
4	1 両眼の視力が0.06以下になったもの、 2 そしゃくおよび言語の機能に著しい障害を残すもの、 3 両耳の聴力を全く失ったもの、 4 一上肢を肘関節以上で失ったもの、 5 一下肢を膝関節以上で失ったもの、 6 両手の手指の全部の用を廃したもの、 7 両足をリスフラン関節以上で失ったもの、	1889	92	69
5	1 一眼が失明、他眼の視力が0.1以下になったもの、 2 神経系統の機能または精神に著しい障害を残し、特に軽易な労務以外の労務に服することができないもの、 3 胸腹部臓器の機能に著しい障害を残し、特に軽易な労務以外の労務に服することができないもの、 4 一上肢を手関節以上で失ったもの、 5 一下肢を足関節以上で失ったもの、 6 一上肢の用を全廃したもの、 7 一下肢の用を全廃したもの、 8 両足の足指の全部を失ったもの、	1574	79	59
6	1 両眼の視力が0.1以下になったもの、 2 そしゃくまたは言語の機能に著しい障害を残すもの、 3 両耳の聴力が耳に接しなければ大声を解することができない程度になったもの、 4 一耳の聴力を全く失い、他耳の聴力が40㎝以上の距離では普通の話声を解することができない程度になったもの、 **5 脊柱に著しい変形または運動障害を残すもの、** 6 一上肢の３大関節中の２関節の用を廃したもの、 7 一下肢の３大関節中の２関節の用を廃したもの、 8 一手の５の手指または親指を含み４の手指を失ったもの、	1296	67	50
7	1 一眼が失明し、他眼の視力が0.6以下になったもの、 2 両耳の聴力が40㎝以上の距離では普通の話声を解することができない程度になったもの、 3 一耳の聴力を全く失い、他耳の聴力が1m以上の距離では普通の話声を解することができない程度になったもの、 4 神経系統の機能または精神に障害を残し、軽易な労務以外の労務に服することができないもの、 5 胸腹部臓器の機能に障害を残し、軽易な労務以外の労務に服することができないもの、	1051	56	42

		6 一手の親指を含み3の手指を失ったものまたは親指以外の4の手指を失ったもの、			
		7 一手の5の手指または親指を含み4の手指の用を廃したもの、			
		8 一足をリスフラン関節以上で失ったもの、			
		9 一上肢に偽関節を残し、著しい運動障害を残すもの、			
		10 一下肢に偽関節を残し、著しい運動障害を残すもの、			
		11 両足の足指の全部の用を廃したもの、			
		12 外貌に著しい醜状を残すもの、			
		13 両側の睾丸を失ったもの、			
8	1 一眼が失明し、または一眼の視力が0.02以下になったもの、		819	45	34
	2 脊柱に運動障害を残すもの、				
	3 一手の親指を含み2の手指を失ったものまたは親指以外の3の手指を失ったもの、				
	4 一手の親指を含み3の手指の用を廃したものまたは親指以外の4の手指の用を廃したもの、				
	5 一下肢を5cm以上短縮したもの、				
	6 一上肢の3大関節中の1関節の用を廃したもの、				
	7 一下肢の3大関節中の1関節の用を廃したもの、				
	8 一上肢に偽関節を残すもの、				
	9 一下肢に偽関節を残すもの、				
	10 一足の足指の全部を失ったもの、				
9	1 両眼の視力が0.6以下になったもの、		616	35	26
	2 一眼の視力が0.06以下になったもの、				
	3 両眼に半盲症、視野狭窄または視野変状を残すもの、				
	4 両眼のまぶたに著しい欠損を残すもの、				
	5 鼻を欠損し、その機能に著しい障害を残すもの、				
	6 そしゃくおよび言語の機能に障害を残すもの、				
	7 両耳の聴力が1m以上の距離では普通の話声を解することができない程度になったもの、				
	8 一耳の聴力が耳に接しなければ大声を解することができない程度になり、他耳の聴力が1m以上の距離では普通の話声を解することが困難である程度になったもの、				
	9 一耳の聴力を全く失ったもの、				
	10 神経系統の機能または精神に障害を残し、服することができる労務が相当な程度に制限されるもの、				
	11 胸腹部臓器の機能に障害を残し、服することができる労務が相当な程度に制限されるもの、				
	12 一手の親指または親指以外の2の手指を失ったもの、				
	13 一手の親指を含み2の手指の用を廃したものまたは親指以外の3の手指の用を廃したもの、				
	14 一足の第一の足指を含み2以上の足指を失ったもの、				
	15 一足の足指の全部の用を廃したもの、				
	16 外貌に相当程度の醜状を残すもの、				
	17 生殖器に著しい障害を残すもの、				
10	1 一眼の視力が0.1以下になったもの、		461	27	20
	2 正面を見た場合に複視の症状を残すもの、				
	3 そしゃくまたは言語の機能に障害を残すもの、				

●等級認定の３原則

	4 十四歯以上に対し歯科補綴を加えたもの、 5 両耳の聴力が1m以上の距離では普通の話声を解することが困難である程度になったもの、 6 一耳の聴力が耳に接しなければ大声を解することができない程度になったもの、 7 一手の親指または親指以外の２の手指の用を廃したもの、 8 一下肢を3cm以上短縮したもの、 9 一足の第一の足指または他の４の足指を失ったもの、 10 一上肢の３大関節中の１関節の機能に著しい障害を残すもの、 11 一下肢の３大関節中の１関節の機能に著しい障害を残すもの、			
11	1 両眼の眼球に著しい調節機能障害または運動障害を残すもの、 2 両眼のまぶたに著しい運動障害を残すもの、 3 一眼のまぶたに著しい欠損を残すもの、 4 十歯以上に対し歯科補綴を加えたもの、 5 両耳の聴力が1m以上の距離では小声を解することができない程度になったもの、 6 一耳の聴力が40cm以上の距離では普通の話声を解することができない程度になったもの、 7 脊柱に奇形を残すもの、 8 一手の人差し指、中指または薬指を失ったもの、 9 一足の第一の足指を含み２以上の足指の用を廃したもの、 10 胸腹部臓器に障害を残し、労務の遂行に相当な程度の支障があるもの、	331	20	15
12	1 一眼の眼球に著しい調節機能障害または運動障害を残すもの、 2 一眼のまぶたに著しい運動障害を残すもの、 3 七歯以上に対し歯科補綴を加えたもの、 4 一耳の耳殻の大部分を欠損したもの、 5 鎖骨、胸骨、肋骨、肩甲骨または骨盤骨に著しい変形を残すもの、 6 一上肢の３大関節中の１関節の機能に障害を残すもの、 7 一下肢の３大関節中の１関節の機能に障害を残すもの、	224	14	10
	8 長管骨に変形を残すもの、 9 一手の小指を失ったもの、 10 一手の人差し指、中指または薬指の用を廃したもの、 11 一足の第二の足指を失ったもの、第二の足指を含み２の足指を失ったものまたは第三の足指以下の３の足指を失ったもの、 12 一足の第一の足指または他の４の足指の用を廃したもの、 13 局部に頑固な神経症状を残すもの、 14 外貌に醜状を残すもの、			
13	1 一眼の視力が0.6以下になったもの、 2 正面以外を見た場合に複視の症状を残すもの、 3 一眼に半盲症、視野狭窄または視野変状を残すもの、 4 両眼のまぶたの一部に欠損を残しまたは睫毛はげを残すもの、 5 五歯以上に対し歯科補綴を加えたもの、 6 一手の小指の用を廃したもの、 7 一手の親指の指骨の一部を失ったもの、 8 一下肢を1cm以上短縮したもの、 9 一足の第三の足指以下の１または２の足指を失ったもの、	139	9	7

41

		自賠	喪失	搭乗
	10 一足の第二の足指の用を廃したもの、第二の足指を含み２の足指の用を廃したものまたは第三の足指以下の３の足指の用を廃したもの、 11 胸腹部臓器の機能に障害を残すもの、			
14	1 一眼のまぶたの一部に欠損を残しまたは睫毛はげを残すもの、 2 三歯以上に対し歯科補綴を加えたもの、 3 一耳の聴力が1m以上の距離では小声を解することができない程度になったもの、 4 上肢の露出面に手のひらの大きさの醜いあとを残すもの、 5 下肢の露出面に手のひらの大きさの醜いあとを残すもの、 6 一手の親指以外の手指の指骨の一部を失ったもの、 7 一手の親指以外の手指の遠位指節間関節を屈伸することができなくなったもの、 8 一足の第三の足指以下の１または２の足指の用を廃したもの、 9 局部に神経症状を残すもの、	75	5	4

自賠＝自賠責保険金額（単位　万円）、喪失＝労働能力喪失率％、搭乗＝搭乗者傷害保険金支払率％、H16-10-15～H18-3-31の改正ポイントは赤色、H18-4-1以降は青色で示しています。

後遺障害等級認定の原則	
後遺障害が２以上ある時は、	原則として重い方の後遺障害等級とする。
但し、13級以上の後遺障害が２以上ある時は、	重い方の等級を１級繰り上げる、
8級以上の後遺障害が２以上ある時は、	重い方の等級を２級繰り上げる、
5級以上の後遺障害が２以上ある時は、	重い方の等級を３級繰り上げる、

●関節の機能障害の評価方法およぴ関節可動域の測定要領

ポイント
後遺症と後遺障害は違う？
後遺症を残していても、等級は非該当になることがある？
関節の機能障害は、日にち薬、時間の経過で徐々に良くなる？
ハードルを飛び越えるな？
受傷から6カ月を経過すれば、症状固定として後遺障害の申請ができる？
ダラダラと漫然治療を続ければ、どんな結果が得られるのか？
どの時点で、症状固定として後遺障害診断を受けるべきか？

関節の機能障害をハードル競争で説明すると、
全く動かない、もしくは、これに近い状態で8級が認定されます。
2分の1以下の制限では、10級、そして最後は4分の3以下で12級が認定されます。
ハードルは8、10、12級の3つが用意されているのです。
37歳男性の損害賠償額を例にすれば、5000万、3000万、1200万円のハードルとなり、8級を飛び越えてしまって10級となれば、レクサス2台分を失うことになるのです。

フローレンス・ジョイナーは、このハードルを一足飛びでクリアして金メダルを獲得しましたが、被害者が、このハードルを飛び越えると、保険屋さんに金メダルを差し上げることになります。

1　関節可動域の測定要領

1）計測は他動値により、健側との比較で判断される？
後遺障害診断書には、自動値と他動値の記載欄があります。
自動値とは、被害者が自発的に曲げた角度で、他動値とは、医師が手を添えて曲げた角度です。
後遺障害等級は、他動値の比較で認定されています。
医師が手を添えて？　これを常識的に読み解くのであれば、自動値＋5°が他動値です。
疼痛を無視して、無理やり、押し込むことを、他動値による計測とは言いません。

2）角度は5°単位で切り上げされている？

肘関節の可動域で屈曲、他動で107°こんな記載の後遺障害診断書が手元にありますが、これは計測方法を間違っています。この場合は110°と記載します。

角度計を見れば、ただちに理解できるのですが、1°は1mm、人間の手による計測で1mmの精度は期待できません。
肘関節の正常値は、屈曲145°が、日本整形外科学会の公表値です。
12級6号は、4分の3以下ですから、理論値は108.75°以下でなければなりません。
しかし、これも切り上げがなされ110°と見なされます。102°であれば、105°と見なします。
すべてが5°もしくは0°で表示されており、1°や2°でキリキリ舞いすることはありません。

上の角度計は、整形外科の医師を通じて購入したもので、専門的にはゴーニオメーターと言います。
一番下は、手指と足趾の可動域の測定に使用するものです。

3）関節には、主要運動と参考運動がある？

部位	主要運動	参考運動	比較
1 脊柱・頚部	前屈・後屈、回旋	側屈	学会公表の正常値
2 脊柱・胸腰部	前屈・後屈	回旋、側屈	学会公表の正常値
3 肩関節	屈曲、外転・内転	伸展、外旋・内旋	左右の比較
4 肘関節	屈曲・伸展	ありません、	左右の比較
5 手関節	屈曲・伸展	橈屈、尺屈	左右の比較
6 前腕	回内・回外	ありません、	左右の比較
7 股関節	膝屈曲・伸展、外転・内転	外旋・内旋	左右の比較
8 膝関節	屈曲・伸展	ありません、	左右の比較
9 足関節	背屈・底屈	ありません、	左右の比較
10 母指	屈曲・伸展、橈外転・掌外転	ありません、	左右の比較
11 手指・足趾	屈曲・伸展	ありません	左右の比較

主要運動とは、日常の動作にとって最も重要なもので、例えば、肩関節の主たる役目は、屈曲運動により、高いところのモノを取る、高いところにモノを置くことにあります。
伸展とは、真後ろに腕を伸ばす運動で、制限があっても、日常生活で大きな支障はありません。

主要運動および参考運動が設定されているのは、頚部と胸腰部の脊柱、肩関節、手関節と股関節の4部位に限られており、関節の機能障害は、原則として主要運動の可動域の制限の程度によって評価されています。

①関節の強直とは？
関節が完全強直しているか、またはこれに近い状態にあるもので、これに近い状態とは、関節可動域が、原則として健側の関節可動域角度の10％以下に制限されているものを言います。
（例）
膝関節の屈曲に大きな可動域制限があり、健側の可動域が130°であるときは、可動域制限のある関節の可動域が、130°の10％である13°を切り上げた15°以下であれば、膝関節の強直となります。

②関節の用廃とは？
上肢・下肢の3大関節のうち、主要運動が複数ある肩関節、股関節では、いずれの主要運動も全く可動しない、またはこれに近い状態となったときに、関節の用を廃したものと認定されます。

③関節の著しい機能障害および機能障害とは？
上肢・下肢の3大関節のうち、主要運動が複数ある肩関節、股関節では、主要運動のいずれか一方の可動域が健側の関節可動域角度の2分の1以下、または4分の3以下に制限されているときは、関節の著しい機能障害、または機能障害と認定されます。
頚部脊柱にあっては、屈曲・伸展、または回旋のいずれか一方の可動域が参考角度の2分の1以下に制限されているときは、脊柱に運動障害を残すものと認定されています。

4）参考運動が評価の対象となるとき？

上肢・下肢の3大関節については、主要運動の可動域が2分の1、または4分の3をわずかに上回るとき、当該関節の参考運動が2分の1、または4分の3以下に制限されていれば、関節の著しい機能障害として10級、または機能障害として12級を認定することになっています。

脊柱でも、頚椎、または胸腰椎の主要運動の可動域制限が参考可動域角度の2分の1をわずかに上回るときは、頚椎、または胸腰椎の参考運動が2分の1以下に制限されていれば、頚椎、または胸腰椎の運動障害として認定されています。

わずかにとは、原則として5°とされていますが、脊柱の運動障害である6級5号と8級2号、または関節の著しい機能障害である10級10号、10級11号に当たるか否かを判断するときは、10°とされています。

①頚部脊柱の屈曲・伸展、回旋
②肩関節の屈曲、外転
③手関節の屈曲・伸展
④股関節の屈曲・伸展

参考運動が評価の対象とされることについては、各論でも説明しています。

5）現実の問題点とは？
①足関節の底屈は 45°が正常値ですが、80°と記載されている？
「この患者は、上海雑伎団で活躍していたのか？」

②肩関節の内転は、両下肢＝太ももでストップするので、常に 0°のところが 25°と記載されている？
「この被害者は幽霊、お化けのお岩さんで、太ももがないのか？」
笑って済ますことはできません。
これは、そもそも正常値を記憶していないこと、起点の取り方を間違えていることを原因としています。

空手などで足関節を鍛えている被害者に限っては、底屈 60°を経験したことがありますが、大多数は正常値の範囲内です。

③患側の自動値が 70°で医師が手を添えた他動値が 110°？
「無理やり、押し込んで、曲げたのか？」

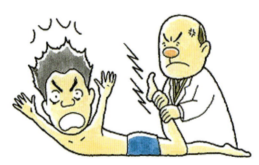

痛みを無視して無理やりに押し込むことを他動による計測とは言いません。
こんなことがまかり通れば、関節の機能障害などは、吹き飛んでしまいます。
常識的には、自動値＋5°が他動値の目安になると確信しています。

これらの他に、計測器を使用せず、目検討で角度を記載する？ これもよく見かける光景です。

④どうしてか、健側の可動域が、大きく制限されているもの？
肩関節では、屈曲・外転とも 180°が正常値ですが、健側が 140°とされているもの？
上肢・下肢の関節の可動域は、医師が手を添える左右の他動値の比較で等級が決定されています。
健側が既往症でよく曲がらない？ 黙っていれば等級は薄まります。
例えば、右肩鎖関節の脱臼で、屈曲・外転とも 85°。これは 2 分の 1 以下の制限で 10 級 10 号に該当するのですが、左肩は 50 肩＝肩関節周囲炎で屈曲・外転が 150°であったときは、左右の比較では、4 分の 3 以下となり、12 級 6 号の認定です。
「左肩関節には肩関節周囲炎が認められ、現在治療中です。等級認定においては、日本整形外科学会の公表値を参考にされたい。」後遺障害診断書には、こんな記載が必要です。

当日の午後に後遺障害診断が予定されていれば、被害者としても診断前にストレッチ運動を行い、健側の可動域を十分に確保しておく努力を惜しんではなりません。

医師は治療が仕事であり、計測のオーソリティではありません。
計測方法の精度が低い現実は、言ってみれば、当たり前のことなのです。
被害者、弁護士は、公表されている計測方法と計測のルールを知っておいて、失礼のないように正さなければなりません。
知らないで放置すれば、レクサス2台分を失うことにもなりかねません。

⑤関節の機能障害には、神経麻痺や動揺関節があります。
上腕神経叢麻痺、正中・尺骨・橈骨神経麻痺、腓骨神経麻痺、脛骨神経麻痺、仙骨神経麻痺、前十字・後十字靭帯断裂などが代表的な傷病名です。
神経麻痺では、自動運動は不能であっても、他動運動は正常値を示します。
針筋電図検査、神経伝達速度検査で神経麻痺を立証し、自動値を記載することになります。

動揺関節でも、肘や膝関節の可動域に問題を残しませんが、ストレスXP撮影で動揺性を具体的に、左右差で○mmと立証しなければ、等級の認定はありません。

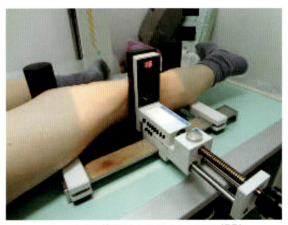

テロスSE使用によるストレスXP撮影

これらは立証が別の扱いであることをご理解ください。

重要なポイントは、後遺障害診断を受ける時期の選択と正しい可動域の計測です。
さらに、計測では、被害者が正しい肢位を維持することも必要です。
このことは、各論で詳細を説明しています。

2　各論　部位別機能障害

各論で説明する正常値とは、日本整形外科学会が公表しているものです。
等級別の説明では、主要運動と参考運動のすべてを10％以下、2分の1以下、4分の3以下と記載していますが、必ず、その角度でなければならない？　そうではありません。
すべてが10％以下でなければならないもの、合計値で判断するもの、いずれかが2分の1もしくは4分の3以下で認定されるものが混在しています。
この点、ご注意ください。

1）脊柱・頚部

部位	主要運動				参考運動
頚椎	前屈	後屈	回旋	合計	側屈
正常値	60°	50°	左右60°	170°	左右50°
6級5号	10°	5°	10°	25°	
8級2号	30°	25°	30°	85°	25°
11級7号	角度に関係なく脊柱の奇形・変形で認定される。				

①頚椎の屈曲＝前屈　日本整形外科学会が公表する正常値は60°です。

計測開始時の肢位　　　　　　正常計測　　　　　　間違った動作

右の間違った動作では、体幹の前傾があり、両腕が前に出て、肩甲骨の外転が認められます。
これでは、可動域は、自然に大きくなるのです。
大腿部の両側に手を置いて、体幹を支えるように、背筋をまっすぐにしなければなりません。
計測器は、軸がズレるので、対象者に接触させないで計測することになっています。

②頚椎の伸展＝後屈　日本整形外科学会が公表する正常値は50°です。

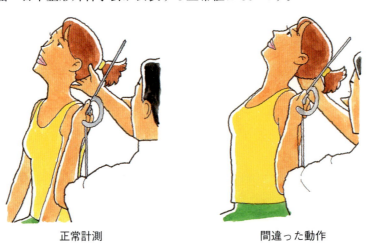

正常計測　　　　　　間違った動作

右の間違った動作では、体幹が伸展、つまり、伸びきっての計測となっています。
体幹が伸びきった分、後屈の角度は大きくなります。
膝をそろえて、その上に手を置き、背筋をまっすぐにして計測を受けなければなりません。
計測器は、軸がズレるので、対象者に接触させないで計測しなければなりません。

③頚椎の左右の回旋　日本整形外科学会が公表する正常値は60°です。

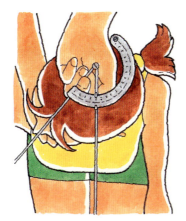
正常計測

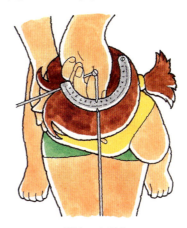
間違った動作

右の間違った動作では、体幹の回旋を伴っており、右回旋の角度が大きくなっています。
本件は、頚部のみの回旋運動の計測ですから、体幹を動かしてはなりません。
計測器は、軸がズレるので、対象者に接触させないで計測しなければなりません。

腸骨から骨移植がなされたときは、骨盤骨の変形で12級5号が認定される可能性があります。
裸体で腸骨部の変形が確認できることが要件です。
12級5号が認定されたときは、併合により、上位等級が1級上がります。

本件の後遺障害は、脊柱の奇形・変形と脊髄損傷に伴う神経系統の機能の障害の2系統で判断され、いずれかの上位等級が後遺障害として認定されることになります。
明確な脊髄症状があり、日常・仕事上で支障が認められるときは、「脊髄症状判定用」の用紙に、具体的な支障レベルの記載を受けて立証することになります。

④主要運動と参考運動の関係について？
では、参考運動は何の評価の対象にもならないのか？　そうではありません。
例えば頚椎の主要運動の合計値が100°の場合、2分の1＋10°ですから、8級2号になりません。
しかし、参考運動の左右の側屈がいずれも25°以下で2分の1以下の制限を受けていれば、8級2号が認定されています。

胸腰部については、主要運動の合計が45°では、2分の1＋5°ですから、8級2号になりません。
しかし、参考運動の左右の回旋が20°以下もしくは側屈が25°以下で、いずれかが2分の1以下の制限を受けていれば、8級2号が認定されます。
頚椎は10°、胸腰椎は5°と記憶してください。
参考運動が複数ある関節では、1つの参考運動が制限されていれば、それで認定されます。

2）脊柱・胸腰部

部位	主要運動			参考運動	
胸腰椎	前屈	後屈	合計	回旋	側屈
正常値	45	30	75	左右40	左右50
6級5号	5	5	10	5	
8級2号	25	15	40	20	25
11級7号	角度に関係なく脊柱の奇形・変形で認定、				

①前屈　日本整形外科学会が公表する正常値は45°です。

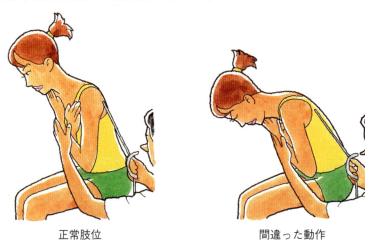

正常肢位　　　　　　　間違った動作

注意すべきは、前屈み、屈曲で、股関節を動かしてはならないことです。
そのために、椅子には、深く腰掛け、両膝をキチンとそろえて座ります。
次に、両手を交差させ、反対側の肩をそれぞれでつかみます。
この肢位で、L5、第5腰椎を起点として、前屈みをするのです。
検者は、被害者に接触しないで、角度計をあてて計測します。
右の間違った動作は、股関節を過度に屈曲させた悪い例です。

②後屈　日本整形外科学会が公表する正常値は30°です。

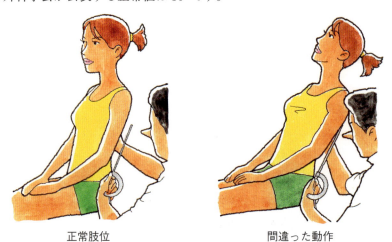

正常肢位　　　　　　　間違った動作

やはり、膝をそろえて、椅子に深く腰掛け、徐々に背中を後方に反らします。
計測者は、被害者に接触しないで、角度計をあてて計測します。

右は、胸部を過度に伸展させた悪い例で、支えがないと、後方に倒れます。

③左右の回旋　日本整形外科学会が公表する正常値は40°です。
やはり、膝をそろえて、椅子に深く腰掛け、両手は、膝の上でそろえておきます。
計測者は、被害者に接触しないで、角度計をあてて計測します。

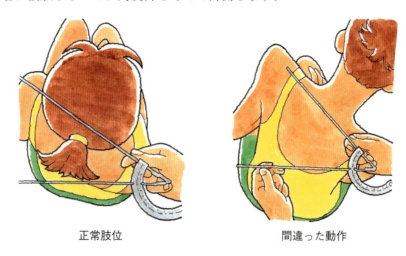

正常肢位　　　　　　　　　間違った動作

右は、肩甲骨部を突出させ、体幹屈曲を伴っており、悪い例、間違った動作です。

本件では、間違いの多い胸腰部の可動域測定について、正しい計測法を学習しました。
胸腰椎の破裂骨折・圧迫骨折、胸腰椎の固定術が実施された被害者が後遺障害の対象となります。

37歳男性であれば、11級7号の後遺障害部分の損害は2000万円前後ですが、可動域が2分の1以下となり8級2号が認定されたときは、4800万円以上、正に、月とスッポンです。

正しい計測がなされること、被害者として知っておくべき情報です。

胸腰椎の可動域は特に間違いが多発しているのですが、これは腰椎の5番目、L5を起点にして計測を行います。股関節部を曲げての計測では、前屈70°？　上海雑伎団も真っ青となります。
L5を起点に股関節部を曲げないで立位で計測する！　シッカリと憶えてください。

腰椎の破裂骨折、圧迫骨折は、圧壊のレベルが25％以上であれば、11級7号が認定されます。
圧壊率25％以上？　どうやって判断するの？

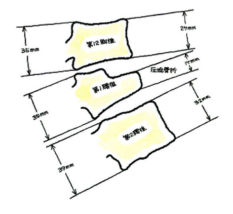

上記は、実際の圧迫骨折をトレースしたもので、L1、第一腰椎の前方椎体高は 17mm、後方の椎体高は 35mm となっており、高さの比較で 48.57％ となります。
明らかに 25％ 以上ですが、これは、算数のレベルで判断することです。

3）上肢・肩・肘・手関節
①肩関節

部位	主要運動			参考運動		
関節	屈曲	外転	内転	伸展	外旋	内旋
正常値	180	180	0	50	60	80
8級6号	20	20	0			
10級10号	90	90	0	25	30	40
12級6号	135	135	0	40	45	60

等級	認定基準
8級6号	屈曲・外転の主要運動で強直もしくは 10％ 以下であること、
10級10号	屈曲・外転の主要運動のいずれかの一方が 2 分の 1 以下に制限されていること、
12級6号	屈曲・外転の主要運動のいずれかの一方が 4 分の 3 以下に制限されていること、

主要運動と参考運動の関係について、
主要運動のいずれかが 2 分の 1 ＋ 10°か 4 分の 3 ＋ 5°の場合、参考運動の伸展・外旋・内旋のいずれかが 2 分の 1 もしくは 4 分の 3 以下に制限されていれば、10 級 10 号、12 級 6 号が認定されます。

ⅰ 肩関節の屈曲　日本整形外科学会が公表する正常値は 180°です。

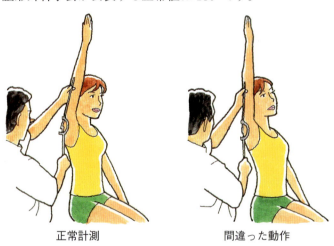

正常計測　　　　　間違った動作

右の間違った動作では、体幹が進展しています。
これ以外でも対側への体幹側屈、腰椎前弯に注意しなければなりません。
検台には、膝をそろえて奥深く座り、背筋をまっすぐにして計測を受けることになります。

ⅱ肩関節の外転　日本整形外科学会が公表する正常値は180°です。

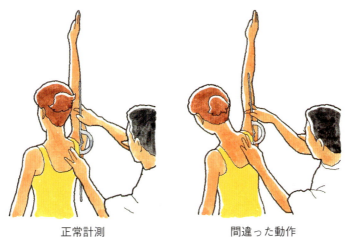

正常計測　　　　　　　間違った動作

この写真では、外転位と屈曲が同じとなり、見分けがつきません。
実際の動作は、イラストを参考にしてください。
間違った動作では、体幹が側屈しています。
背筋をまっすぐに伸ばして腰掛けて計測を受けなければなりません。

ⅲ肩関節の内転　日本整形外科学会が公表する正常値は0°です。

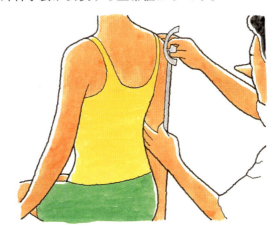

背筋をまっすぐに伸ばして腰掛けた状態で、上肢をだらりと下げて計測を受けます。
大腿部、ヒップに接触しますから、可動域は0°、間違った動作も考えられません。

②肘関節

部位	主要運動		
肘関節	屈曲	伸展	合計
正常値	145	5	150
8級6号	15	5	20
10級10号	75	5	80
12級6号	110	5	115

肘関節に参考運動は存在しません。

ⅰ 肘関節の屈曲と伸展　日本整形外科学会が公表する正常値は、屈曲145°、伸展5°です。

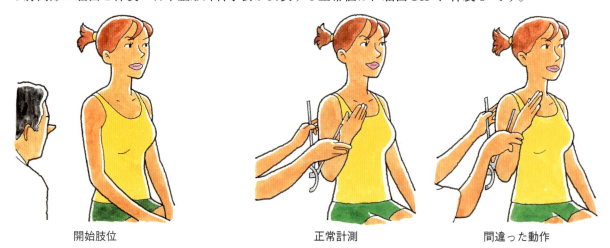

開始肢位　　　　　　　　正常計測　　　　　　　　間違った動作

右の間違った動作では、前腕部が回外しています。
手のひらを正面に向けて、屈曲しなければなりません。

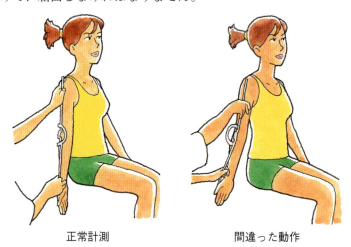

正常計測　　　　　　　　間違った動作

右の間違った動作では、肩関節が外旋位となっています。
手のひらを正面に向けて、まっすぐ下ろすのが正常計測です。

③手関節

部位	主要運動			参考運動	
手関節	背屈	掌屈	合計	橈屈	尺屈
正常値	70	90	160	25	55
8級6号	10	10	20		
10級10号	35	45	80	15	30
12級6号	55	70	125	20	45

主要運動と参考運動の関係について、
主要運動のいずれかが2分の1＋10°か4分の3＋5°では、参考運動の橈屈・尺屈のいずれかが2分の1もしくは4分の3以下に制限されていれば、10級10号、12級6号が認定されています。

i 手関節の背屈・掌屈　日本整形外科学会が公表する正常値は、背屈70°、掌屈90°です。

開始肢位

前腕部を机の上に置いて測定します。

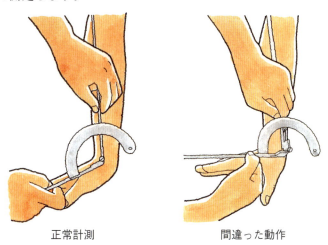

正常計測　　　　　　　間違った動作

右の間違った動作では、手関節が橈屈位となっています。
橈屈位では曲がりすぎ、尺屈位では、曲がらなくなり、正常値に届きません。

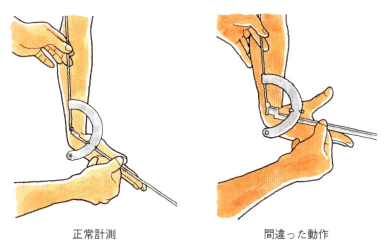

正常計測　　　　　　　間違った動作

右の間違った動作では、手関節が尺屈位となっています。
掌屈では、尺屈位では曲がりすぎ、橈屈位では、曲がらなくなり、正常値に届きません。
前腕部を机の上に置いて測定すると間違いを生じることは少なくなります。

④前腕

部位	主要運動		
前腕	回内	回外	合計
正常値	90°	90°	180°
10級10号	25°	25°	50°
12級6号	45°	45°	90°

前腕の回内・回外運動に参考運動はありません。

ⅰ 前腕の回内・回外　日本整形外科学会が公表する正常値は、いずれも90°です。

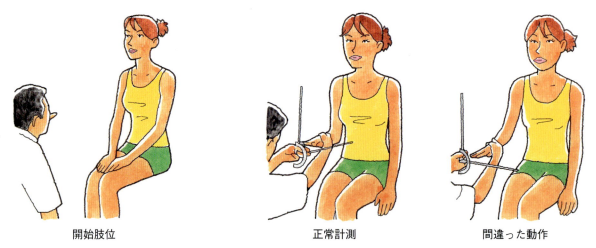

開始肢位　　　　　　正常計測　　　　　　間違った動作

右の間違った動作では、肩関節が外転位となっており、これでは90°以上となります。
正常計測は、肘関節の屈曲位で行う必要があります。

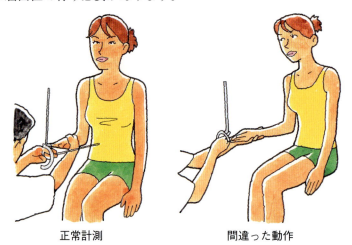

正常計測　　　　　　間違った動作

右の間違った動作では、体幹が右に側屈しており、肩関節も内転・外旋位となっています。
これなら正常値以上に曲がります。
やはり、肘関節の屈曲位で測定をしなければなりません。
前腕の回内・回外制限は、後遺障害として新たに追加されたものですが、手関節または肘関節に機能障害を残し、同時に回内・回外制限を残すときは、いずれか上位の等級が認定されています。
併合はなされませんので、この点、注意しなければなりません。

⑤親指

部位	MP関節主要運動			IP関節主要運動			他の主要運動		
親指	屈曲	伸展	合計	屈曲	伸展	合計	橈外転	掌外転	合計
正常値	60	10	70	80	10	90	60	90	150
用廃	30	5	35	40	5	45	30	45	75

手の親指の第一関節ですが、昔はMP関節でしたが、今は、MCP関節と呼ばれています。
同時に、足の親指でもMP関節からMTP関節と呼ばれています。

ⅰ 親指MCP関節の屈曲　日本整形外科学会が公表する正常値は60°です。

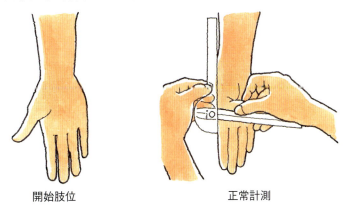

開始肢位　　　　　　　　正常計測

ⅱ 親指MCP関節の伸展　日本整形外科学会が公表する正常値は10°です。

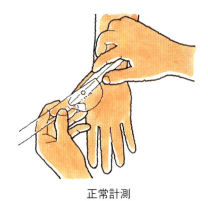

正常計測

机の上に手を置いて計測、原則として、手指の背側に計測器を当てます。

ⅲ 親指IP関節の屈曲　日本整形外科学会が公表する正常値は80°です。

正常計測

ⅳ親指IP関節の伸展　日本整形外科学会が公表する正常値は10°です。

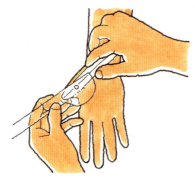

正常計測

机の上に手を置いて計測、原則として、手指の背側に計測器を当てます。

⑥その他の指

部位	MP関節主要運動			PIP関節主要運動		
手指	屈曲	伸展	合計	屈曲	伸展	合計
正常値	90	45	135	100	0	100
用廃	45	25	65	50	0	50

手指の関節は、母指にあっては、指先に近い方からIP、MP関節、母指以外の手指にあっては、指先に近い方からDIP、PIP、MCP関節と言います。
手指の関節に参考運動はありません。

ⅰその他の指、MCP屈曲　日本整形外科学会が公表する正常値は90°です。

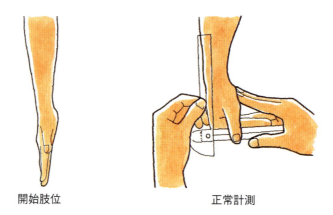

開始肢位　　　　　　　　　正常計測

机の上に手を置いて計測、原則として、手指の背側に計測器を当てます。

ⅱその他の指、MCP伸展　日本整形外科学会が公表する正常値は45°です。

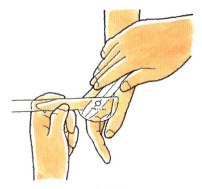

正常計測

机の上に手を置いて計測、原則として、手指の背側に計測器を当てます。

ⅲその他の指、PIP屈曲　日本整形外科学会が公表する正常値は100°です。

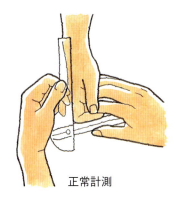

正常計測

机の上に手を置いて計測、原則として、手指の背側に計測器を当てます。

ⅳ手指屈曲複合判定

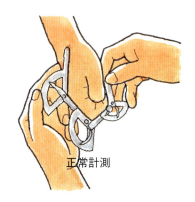

正常計測

机の上に手を置いて計測、原則として、手指の背側に計測器を当てます。
計測器のねじを緩め、指の長さに計測器を調節、ネジを締めて計測します。

4）下肢、股・膝・足関節

①股関節

部位	主要運動					参考運動	
股関節	膝屈曲	伸展	外転	内転	合計	外旋	内旋
正常値	125	15	45	20	205	45	45
8級7号	15	5	5	5	30		
10級11号	65	25	25	5		25	25
12級7号	95	15	20	10		35	35

等級	認定基準
8級7号	膝屈曲・伸展、外転・内転の主要運動で強直もしくは10%以下、
10級11号	膝屈曲・伸展、外転・内転の主要運動の、いずれか一方が2分の1以下、
12級7号	膝屈曲・伸展、外転・内転の主要運動の、いずれか一方が4分の3以下、

主要運動と参考運動の関係について、

主要運動のいずれかが2分の1＋10°か4分の3＋5°では、参考運動の伸展・外旋・内旋のいずれかが2分の1もしくは4分の3以下に制限されていれば、10級11号、12級7号が認定されます。

ⅰ 股関節の膝屈曲　日本整形外科学会が公表する正常値は125°です。

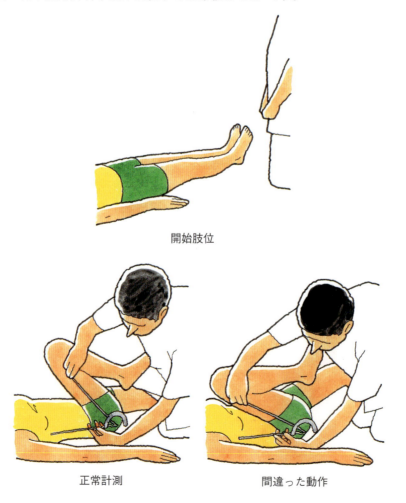

開始肢位

正常計測　　　間違った動作

右の間違った動作では、骨盤を後傾することにより、反対側の下肢に挙上が認められます。

これに陥ると135°以上の屈曲となります。

ⅱ 股関節の伸展　日本整形外科学会が公表する正常値は15°です。

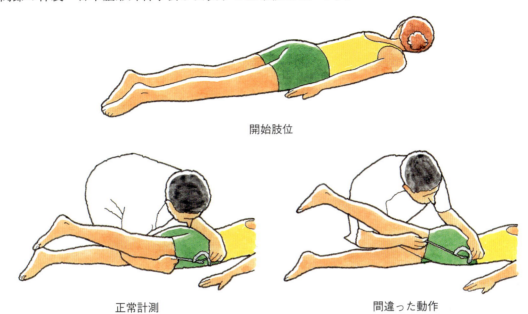

右の間違った動作では、骨盤が前傾、回旋状態となっています。
骨盤の前傾と回旋が発生しないように、シッカリと固定しなければなりません。

ⅲ 股関節の外転　日本整形外科学会が公表する正常値は45°です。

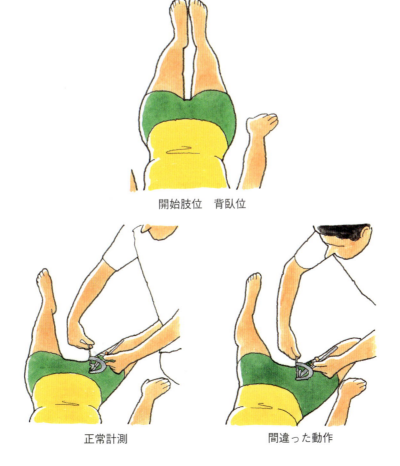

右の間違った動作では、骨盤の側方が挙上しており、外転角が大きくなります。

ⅳ 股関節内転　日本整形外科学会が公表する正常値は20°です。

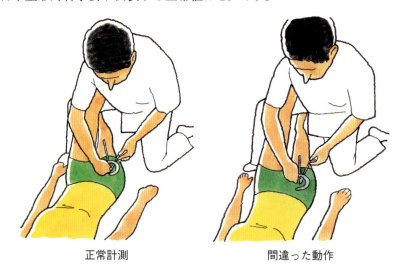

右の間違った動作では、骨盤が下制されており、内転角が大きくなっています。

②膝関節

部位	主要運動		
膝関節	屈曲	伸展	合計
正常値	130°	0°	130°
8級7号	15°	5°	20°
10級11号	65°	5°	70°
12級7号	100°	5°	105°

膝関節に参考運動はありません。

ⅰ 膝関節屈曲　日本整形外科学会が公表する正常値は130°です。

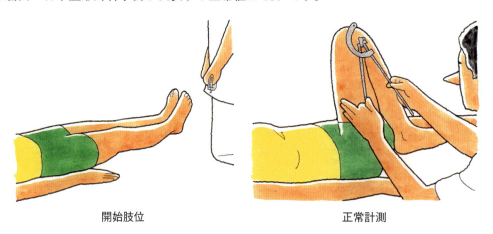

ii 膝関節伸展　日本整形外科学会が公表する正常値は 0° です。

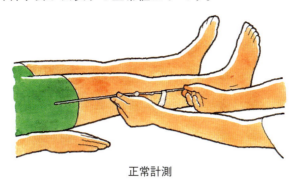

正常計測

③足関節

部位	主要運動		
足関節	背屈	底屈	合計
正常値	20	45	65
8級7号	5	5	10
10級11号	10	25	35
12級7号	15	35	50

足関節に参考運動はありません。

i 足関節屈曲　日本整形外科学会が公表する正常値は背屈 20°、底屈 45° です。

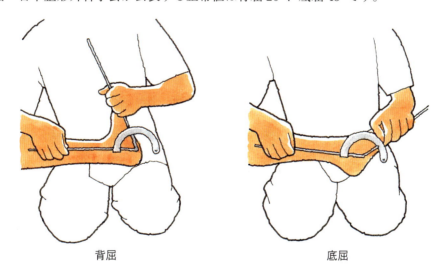

背屈　　　　　　　底屈

計測者の膝上に、患者の足を置いて計測するのが一般的です。

④母趾の関節

部位	MP関節主要運動			IP関節主要運動		
母趾	屈曲	伸展	合計	屈曲	伸展	合計
正常値	35	60	95	60	0	60
用廃	20	30	50	30	0	30

⑤その他の足趾の関節

部位	MP関節主要運動			PIP関節主要運動		
足趾	屈曲	伸展	合計	屈曲	伸展	合計
正常値	35	40	75	35	0	35
用廃	20	20	40	20	0	20

足趾に参考運動はありません。
足趾の関節は、母趾にあっては、趾先に近い方からIP、MP関節、母趾以外の足指にあっては、趾先に近い方からDIP、PIP、MP関節と言います。

5）最後に

ここでは脱臼、骨折、固定術による関節の機能障害、可動域制限を説明しています。
可動域制限は、日にち薬で改善が得られます。

経験則では、受傷後6カ月を起点とすれば、7、8カ月の経過で一気に改善するものです。
ところが、等級は、症状固定日、つまり、後遺障害診断を受けた日の状態で認定されています。
でないと、いつまでたっても解決しないからです。
したがって、後遺障害の認定を受けるには、ダラダラ通院しないことがポイントになります。

私が保険調査員時代の、スーパー打ち切りトークをご紹介しておきます。
受傷後6カ月を経過した被害者を訪問、治療打ち切りと後遺障害診断の打診をします。
「現に、改善しているのに、なんで打ち切らなあかんの？」
こんな反論に対しては、
「貴方の休業損害は1カ月で30万円、これを後3カ月払って欲しい？ それなら保険屋さんにそう伝えるだけのことで、簡単なことです。
ところが、現状であれば、右足関節の可動域制限で12級7号が認定される可能性があります。
自賠責保険だけでも224万円、任意を含めれば500万円程度の支払いができるのです。
しかし、今後3カ月もリハビリに集中すれば、貴方の右足関節は、間違いなく4分の3＋5°レベルの改善が得られると予想しています。
となると、症状としてはあまり変わっていないのに、後遺障害等級は非該当となり、500万円は雨散霧消、消えてなくなることになります。
90万円の休損を取るか、500万円の後遺障害を獲得するか、ここは二者択一の場面です。」

●関節の機能障害の評価方法および関節可動域の測定要領

「そんなこと、やってみなければ、分からんやないの？」こんな反論をした被害者は一人もいません。
「なに、兄ちゃん、そこんとこ、もう一遍教えて！」皆さん乗ってくるのです。

したがって、6カ月を経過すれば、被害者は後遺障害を真剣に検証しなければなりません。
後遺症を残したが、等級は非該当？　実利を求める被害者として最悪の選択です。

総もくじ

交通事故後遺障害の等級獲得のために　〈別巻〉

後遺障害とはなにか？
1　後遺症と後遺障害？
2　いつ、申請できるの？
3　どこが、等級を認定するの？
4　申請は、保険屋さんにお任せする事前認定か、それとも被害者請求か？
5　後遺障害診断書には、なにを書いてもらえばいいの？
6　問題点　医師は後遺障害を知らない？
7　問題点　後遺障害診断書は、一人歩きする？
8　問題点　後遺障害を損害賠償で捉えると？
9　交通事故110番からのご提案
10　弁護士の選び方、法律事務所なら、どこでもいいのか、Boo弁？

等級認定の3原則
1　後遺障害等級認定における準則とは？
2　後遺障害等級認定における序列とは？
3　後遺障害等級認定における併合とは？
4　後遺障害等級における相当とは？
5　後遺障害等級における加重とは？
6　後遺障害等級表

関節の機能障害の評価方法および関節可動域の測定要領
1　関節可動域の測定要領
2　各論　部位別機能障害

精神・神経系統の障害　〈Ⅰ巻〉
1　背骨の仕組み
2　外傷性頚部症候群
3　外傷性頚部症候群の神経症状について
4　バレ・リュー症候群と耳鳴り、その他の障害について？
5　腰部捻挫・外傷性腰部症候群？
6　外傷性腰部症候群の神経症状？
7　腰椎横突起骨折
8　上腕神経叢麻痺
9　中心性頚髄損傷
10　環軸椎脱臼・亜脱臼
11　上位頚髄損傷　C1/2/3
12　横隔膜ペーシング
13　脊髄損傷
14　脊髄不全損傷＝非骨傷性頚髄損傷
15　脊髄の前角障害、前根障害
16　脊髄の後角障害、後根障害
17　バーナー症候群
18　脊髄空洞症
19　頚椎症性脊髄症？
20　後縦靭帯骨化症　OPLL
21　腰部脊柱管狭窄症？
22　椎骨脳底動脈血行不全症
23　腰椎分離・すべり症
24　胸郭出口症候群
25　頚肩腕症候群　肩凝り・ムチウチ
26　複合性局所疼痛症候群　CRPS
27　低髄液圧症候群＝脳脊髄液減少症＝CSFH
28　軽度脳外傷　MTBI
29　梨状筋症候群
30　線維筋痛症
31　仙腸関節機能不全　AKA
32　過換気症候群

頭部外傷・高次脳機能障害　〈Ⅰ巻〉
1　頭部外傷　頭部の構造と仕組み
2　頭部外傷　高次脳機能障害認定の3要件
3　頭部外傷　左下顎骨骨折、左頬骨骨折、左側頭葉脳挫傷
4　頭部外傷　左側頭骨骨折・脳挫傷
5　頭部外傷　急性硬膜外血腫
6　頭部外傷　前頭骨陥没骨折、外傷性てんかん
7　頭部外傷　びまん性軸索損傷　diffuse axonal injury：DAI
8　頭部外傷　脳挫傷＋対角線上脳挫傷＝対側損傷
9　頭部外傷　外傷性くも膜下出血
10　頭部外傷　外傷性脳室出血
11　頭部外傷　急性硬膜下血腫
12　頭部外傷　慢性硬膜下血腫
13　頭部外傷　脳挫傷＋頭蓋底骨折＋急性硬膜下血腫＋外傷性くも膜下出血＋びまん性軸索損傷
14　高次脳機能障害チェックリスト

眼の障害　〈Ⅰ巻〉
1　眼の仕組みと後遺障害について
2　眼瞼＝まぶたの外傷
3　外傷性眼瞼下垂
4　動眼神経麻痺
5　ホルネル症候群
6　外転神経麻痺
7　滑車神経麻痺
8　球結膜下出血
9　角膜上皮剥離
10　角膜穿孔外傷
11　前房出血
12　外傷性散瞳
13　涙小管断裂
14　外傷性虹彩炎
15　虹彩離断
16　水晶体亜脱臼
17　水晶体脱臼、無水晶体眼
18　外傷性白内障
19　眼窩底破裂骨折
20　視神経管骨折
21　硝子体出血
22　外傷性網膜剥離
23　網膜振盪症
24　外傷性黄斑円孔
25　眼底出血　網膜出血・脈絡膜出血
26　眼球破裂
27　続発性緑内障

耳・鼻・口・醜状障害　〈Ⅱ巻〉

耳の障害
1　耳の構造
2　外耳の外傷・耳介血腫
3　耳介裂創
4　耳垂裂
5　耳鳴り
6　外傷性鼓膜穿孔
7　流行性耳下腺炎
8　側頭骨骨折
9　頭蓋底骨折
10　騒音性難聴
11　音響性外傷

鼻の障害
1　鼻の構造と仕組み
2　鼻骨骨折
3　鼻篩骨骨折
4　鼻軟骨損傷
5　鼻欠損
6　嗅覚脱失

口の障害
1 口の構造と仕組み
2 顔面骨折・9つの分類
3 頬骨骨折・頬骨体部骨折
4 頬骨弓骨折
5 眼窩底骨折
6 上顎骨骨折
7 下顎骨骨折
8 味覚脱失
9 嚥下障害
10 言語の機能障害　反回神経麻痺
11 特殊例・気管カニューレ抜去困難症

醜状の障害
1 醜状障害

上肢の障害　〈Ⅱ巻〉

肩・上腕の障害
1 上腕神経叢麻痺
2 肩関節の仕組み
3 鎖骨骨折
4 肩鎖関節脱臼
5 胸鎖関節脱臼
6 肩腱板断裂
7 腱板疎部損傷
8 肩甲骨骨折
9 SLAP損傷＝上方肩関節唇損傷
10 肩関節脱臼
11 反復性肩関節脱臼
12 肩関節周囲炎
13 変形性肩関節症
14 上腕骨近位端骨折
15 上腕骨骨幹部骨折
16 上腕骨遠位端骨折
　（1）上腕骨顆上骨折　（2）上腕骨外顆骨折
17 フォルクマン拘縮

肘・前腕の障害
18 テニス肘　上腕骨外側上顆炎、上腕骨内側上顆炎
19 肘関節と手関節、橈骨と尺骨の仕組み
20 肘関節脱臼
21 肘頭骨折
22 尺骨鉤状突起骨折
23 変形性肘関節症
24 右肘内側側副靭帯損傷？
25 橈・尺骨骨幹部骨折
26 橈骨頭・頸部骨折
27 モンテジア骨折
28 ガレアッチ骨折
29 橈骨遠位端骨折、コーレス骨折、スミス骨折
30 バートン骨折
31 ショーファー骨折＝橈骨茎状突起骨折
32 尺骨茎状突起骨折

神経麻痺の障害
33 肘部管症候群
34 正中神経麻痺
35 前骨間神経麻痺
36 手根管症候群
37 橈骨神経麻痺
38 後骨間神経麻痺
39 尺骨神経麻痺
40 ギヨン管症候群
41 ズディック骨萎縮　Sudeck骨萎縮

手・手根骨・手指の障害
42 手の仕組み
43 右手首の腱鞘炎と前腕部の炎症
　（1）ド・ケルバン病　（2）ばね指
44 手根骨の骨折　有鉤骨骨折
45 手根骨の骨折　有頭骨骨折
46 手根骨の骨折　舟状骨骨折
47 手根骨の骨折　月状骨脱臼
48 手根骨の骨折　舟状・月状骨間解離
49 手根骨の骨折　三角・月状骨間解離
50 キーンベック病＝月状骨軟化症
51 手根骨の骨折　手根不安定症
52 手根骨骨折のまとめ
53 手根骨の骨折　TFCC損傷
54 手指の各関節の側副靭帯損傷
　親指ＭＰ関節尺側側副靭帯の損傷＝スキーヤーズサム
55 手指伸筋腱損傷
56 手指の伸筋腱脱臼
57 手指の屈筋腱損傷
58 手指の脱臼と骨折　中手骨頸部骨折
59 手指の脱臼と骨折　中手骨基底部骨折
60 手指の脱臼と骨折　中手骨骨幹部骨折
61 手指の脱臼と骨折　ボクサー骨折
62 手指の脱臼と骨折　PIP関節脱臼骨折
63 手指の脱臼と骨折　マレットフィンガー＝槌指
64 手指の脱臼と骨折　親指CM関節脱臼
65 クロスフィンガー
66 突き指のいろいろ
67 手指の靭帯・腱損傷および骨折における後遺障害のキモ
68 参考までに、手指の欠損について

下肢の障害　〈Ⅲ巻〉

骨盤骨の障害
1 骨盤骨　骨盤の仕組み
2 骨盤骨折・軽症例
　（1）腸骨翼骨折　（2）恥骨骨折・坐骨骨折　（3）尾骨骨折
3 骨盤骨折・重症例
　（1）ストラドル骨折、マルゲーニュ骨折
　（2）恥骨結合離開・仙腸関節脱臼
4 骨盤骨折に伴う出血性ショック　内腸骨動脈損傷

股関節の障害
5 股関節の仕組み
6 股関節後方脱臼・骨折
7 股関節中心性脱臼
8 外傷性骨化性筋炎
9 変形性股関節症
10 ステム周囲骨折
11 股関節唇損傷
12 腸腰筋の出血、腸腰筋挫傷

大腿骨の障害
13 大腿骨頸部骨折
14 大腿骨転子部・転子下骨折
15 大腿骨骨幹部骨折
16 大腿骨顆部骨折
17 梨状筋症候群

膝・下腿骨の障害
18 膝関節の仕組み
19 膝関節内骨折　脛骨顆部骨折
　脛骨近位端骨折、脛骨高原骨折、プラトー骨折
20 脛骨と腓骨の働き、腓骨って役目を果たしているの？
21 脛骨顆間隆起骨折
22 膝蓋骨骨折？
23 膝蓋骨脱臼
24 膝蓋骨骨軟骨折・スリーブ骨折
25 膝離断性骨軟骨炎
26 膝蓋前滑液包炎
27 膝窩動脈損傷？
28 腓骨骨折
29 脛・腓骨骨幹部開放性骨折
30 下腿のコンパートメント症候群
31 変形性膝関節症？
32 腓腹筋断裂　肉離れ
33 肉離れ、筋違いと捻挫、腸腰筋の出血、腸腰筋挫傷

34 半月板損傷

靭帯損傷の障害
35 ACL 前十字靭帯損傷
36 PCL 後十字靭帯損傷
37 MCL 内側側副靭帯損傷
38 LCL 外側側副靭帯損傷
39 PLS 膝関節後外側支持機構の損傷
40 複合靭帯損傷

神経麻痺の障害
41 座骨・腓骨・脛骨神経麻痺って、なに？
42 坐骨神経麻痺
43 脛骨神経麻痺
44 腓骨神経麻痺
45 深腓骨神経麻痺＝前足根管症候群
46 浅腓骨神経麻痺
47 仙髄神経麻痺

足の障害
48 足の構造と仕組み
49 右腓骨遠位端線損傷
50 右足関節果部骨折
51 足関節果部脱臼骨折、コットン骨折
52 アキレス腱断裂
53 アキレス腱滑液包炎
54 足関節不安定症
55 足関節に伴う靭帯損傷のまとめ
56 足関節離断性骨軟骨炎
57 右腓骨筋腱周囲炎
58 変形性足関節症
59 足の構造と仕組み
60 足根骨の骨折　外傷性内反足
61 足根骨の骨折　距骨骨折
62 足根骨の骨折　右踵骨不顕性骨折
63 足根骨の骨折　踵骨骨折
64 足根骨の骨折　距骨骨軟骨損傷
65 足根骨の骨折　足根管症候群
66 足根骨の骨折　足底腱膜断裂
67 足根骨の骨折　足底腱膜炎
68 モートン病、MORTON 病
69 足根洞症候群
70 足根骨の骨折　ショパール関節脱臼骨折
71 足根骨の骨折　リスフラン関節脱臼骨折
72 足根骨の骨折　リスフラン靭帯損傷
73 足根骨の骨折　第 1 楔状骨骨折
74 足根骨の骨折　舟状骨骨折
75 足根骨の骨折　有痛性外脛骨
76 足根骨の骨折　舟状骨裂離骨折
77 足根骨の骨折　立方骨圧迫骨折＝くるみ割り骨折
78 足根骨の骨折　二分靭帯損傷
79 足根骨の骨折　踵骨前方突起骨折

足趾の障害
80 足趾の骨折　基節骨骨折
81 足趾の骨折　中足骨骨折
82 足趾の骨折　第 5 中足骨基底部骨折＝下駄骨折
83 足趾の骨折　ジョーンズ骨折、Jones 骨折＝第 5 中足骨幹端部骨折
84 足趾の骨折　種子骨骨折
85 下腿骨の切断、足趾の切断

脊柱・その他の体幹骨の障害　〈Ⅳ巻〉

脊柱の骨折
1 骨折の分類
2 脊柱の圧迫骨折
3 脊柱の圧迫骨折　プロレベル 1
4 脊柱の圧迫骨折　プロレベル 2
5 脊柱の破裂骨折

その他の体幹骨の骨折
6 肋骨骨折

7 肋骨多発骨折の重症例　外傷性血胸
8 肋骨多発骨折の重症例　フレイルチェスト、Flail Chest、動揺胸郭
9 鎖骨骨折
10 肩鎖関節脱臼
11 胸鎖関節脱臼
12 肩甲骨骨折
13 骨盤骨　骨盤の仕組み
14 骨盤骨折・軽症例
15 骨盤骨折・重症例

胸腹部臓器の障害　〈Ⅳ巻〉

胸部の障害
1 胸腹部臓器の外傷と後遺障害について
2 呼吸器の仕組み
3 肺挫傷
4 皮下気腫、縦隔気腫
5 気管・気管支断裂
6 食道の仕組み
7 外傷性食道破裂
8 咽頭外傷
9 横隔膜の仕組み
10 外傷性横隔膜破裂・ヘルニア
11 心臓の仕組み
12 心膜損傷、心膜炎
13 冠動脈の裂傷
14 心挫傷、心筋挫傷
15 心臓・弁の仕組み
16 心臓・弁の損傷
17 大動脈について
18 外傷性大動脈解離
19 心肺停止
20 過換気症候群
21 肺血栓塞栓
22 肺脂肪塞栓
23 外傷性胸部圧迫症

腹部の障害
24 腹部臓器の外傷
25 実質臓器・肝損傷
26 実質臓器・胆嚢損傷
27 胆嚢破裂
28 管腔臓器・肝外胆管損傷
29 実質臓器・膵臓損傷
30 実質臓器・脾臓
31 管腔臓器・胃
32 外傷性胃破裂
33 管腔臓器・小腸
34 管腔臓器・小腸穿孔
35 管腔臓器・大腸
36 大腸穿孔・破裂
37 腹壁瘢痕ヘルニア
38 腹膜・腸間膜の外傷
39 実質臓器・腎臓
40 腎挫傷、腎裂傷、腎破裂、腎茎断裂
41 尿管・膀胱・尿道
42 尿管外傷
43 膀胱の外傷
44 尿道外傷
45 外傷性尿道狭窄症
46 神経因性膀胱
47 尿崩症
48 脊髄損傷
49 実質臓器・副腎の損傷
50 急性副腎皮質不全
51 男性生殖器
52 女性生殖器

〈交通事故相談サイト jiko110.com のご案内〉

交通事故110番は、被害者の1日も早い社会復帰と、実利の獲得を目標としています。

7000ページを超える圧倒的なコンテンツの情報発信で、交通事故外傷と後遺障害に迫ります。
ホームページによる情報発信と無料相談メールのNPO活動は、10年目に突入します。

「加害者や保険屋さんに誠意を求めるのは、
八百屋さんで魚を買い求めるに等しい！」
と一刀両断に斬り捨てています。

被害者は、実利の獲得に向けて、
Study & Stand Together !
学習して、共に立ち上がるのです。そのための支援は惜しみません。
詳しくは、以下のサイトをご覧ください。
URL　http://www.jiko110.com

jiko110.com「交通事故110番」

住　所　〒520-0246　滋賀県大津市仰木の里6丁目11-8
ＴＥＬ　077-571-0600　　ＦＡＸ　077-571-6155
ＵＲＬ　http://www.jiko110.com　　メール　info@jiko110.com
責任者　宮尾　一郎

イラスト　齋藤　徹

交通事故外傷と後遺障害全322大辞典　別巻
交通事故後遺障害の等級獲得のために

2016年11月15日　初刷発行

著　者　Ⓒ宮尾　一郎
発行者　竹村　正治

発行所　株式会社かもがわ出版
　　　　〒602-8119　京都市上京区堀川通出水西入
　　　　TEL 075(432)2868　FAX 075(432)2869　振替01010-5-12436
　　　　ホームページ　http://www.kamogawa.co.jp/

印　刷　シナノ書籍印刷株式会社

ISBN978-4-7803-0871-6　C3332

著作権者　NPO jiko110.com「交通事故110番」
Ⓒ 7/may/2009 NPO jiko110.com Printed in Japan
本書は著作権上の保護を受けています。本書の一部あるいは全部について、NPO jiko110.comから文書による承諾を受けずにいかなる方法においても無断で複写、複製することは禁じられています。